La santé sexuelle

Sous la supervision scientifique de
Patrick Préfontaine, M.D.
Candy Carrier, M.A.
Véronique Fournier Duval, M.A.

La santé sexuelle

RUDEL MÉDIAS

COLLECTION LE PETIT MÉDECIN DE POCHE
Éditrice : Danièle Rudel-Tessier
drudel@rudelmedias.ca
Directeur médical : Dr François Melançon
edito@rudelmedias.ca

Recherche et rédaction : Catherine Meilleur
Superviseurs scientifiques : Dr Patrick Préfontaine,
Véronique Fournier Duval et Candy Carrier
Réviseur : Gilles Giraud
Mise en pages : Folio infographie
Couverture : Josée Lalancette
Photo de la couverture : Maude de Varennes (le boxer est une gracieu-
seté de la boutique Intense If)

RUDEL MÉDIAS
3651, rue Clark
Montréal (Québec)
H2X 2S1
Téléphone : 514-845-5594
info@rudelmedias.ca

Imprimé par Imprimerie Lebonfon inc.

Mot du directeur médical

Dysfonction érectile, éjaculation précoce, douleur à la pénétration, panne de désir... Si les patients parlent aujourd'hui plus facilement de leurs problèmes sexuels à leur médecin, combien sont encore gênés de le faire et souffrent en silence ? Pourtant, de nouveaux moyens pharmaceutiques et psychothérapeutiques permettent de pallier des difficultés naguère insurmontables. Sans compter que ces troubles de la sexualité peuvent cacher des maux plus graves, comme la maladie cardiovasculaire ou le diabète, par exemple.

De l'anatomie à la physiologie de la sexualité et du désir en passant par les problèmes physiques et psychologiques, du vaste éventail de la sexualité dite normale aux dysfonctionnements sexuels, ce petit livre présente les facettes multiples de la sexualité humaine, simplement, sans jargon inutile et sans préjugés.

Nous avons voulu éviter de mettre de l'avant les relations homme-femme comme unique modèle de la sexualité. Le contenu de ce livre peut aussi s'adresser aux couples de même sexe.

Dr François Melançon
Médecin de famille

Il y a autant de manières de concevoir et de vivre la sexualité qu'il y a d'individus. Et c'est tant mieux, car ainsi chacun peut être une belle découverte pour l'autre ! Mais si personnelle que soit notre sexualité, elle est fortement marquée par notre environnement social.

Aujourd'hui, nous n'avons plus le carcan social et religieux qui imposait la bonne manière, dans le mariage, de vivre sa sexualité. Le sexe coupable, le désir honteux, la jouissance cachée ne sont plus la norme. Le sexe-devoir, dans le seul but de procréer, n'est plus de mise.

Aujourd'hui, notre défi consiste à vivre sainement notre sexualité malgré de nouveaux obstacles : le sexe spectacle, la commercialisation pornographique, l'imposition d'idéaux corporels irréalistes contraires à la santé, les infections liées à l'activité sexuelle humaine...

À l'heure de l'affirmation des droits individuels, la sexualité devrait se conjuguer avec le droit de tous à la santé physique et psychologique, à la dignité et au bien-être personnel. La connaissance de notre corps et de celui de nos partenaires, l'écoute sensible des désirs de l'autre et l'attention que nous portons à nos propres sens sont les conditions de base pour profiter de tous les plaisirs et bienfaits qu'une sexualité saine et épanouie peut nous apporter.

Comment définir la santé sexuelle?

Aucune définition ne saurait prétendre représenter la diversité des croyances, des coutumes et des expériences de notre société. Il faut donc, selon l'Agence de santé publique du Canada, user de prudence et se méfier des définitions universelles qui peuvent exclure et réprimer certains droits des citoyens ou condamner des comportements qui ne concernent que des partenaires consentants. N'oublions pas qu'il n'y a pas si longtemps les pratiques bucco-génitales étaient considérées comme des perversions et l'homosexualité comme un crime, et que, dans bien des États des États-Unis, la sodomie consentie est encore un crime puni par la loi.

Cela dit, nous pouvons identifier des indices de santé sexuelle sur trois plans: le plan individuel – une expérience personnelle pleine, libre et agréable –, le plan relationnel – le respect de la volonté et de la dignité de l'autre – et le plan social – une attitude responsable en matière de protection de la santé publique.

Cela se traduit par des actes sexuels vécus librement, sans contrainte, discrimination ou violence, délivrés de sentiments négatifs, coupables ou honteux susceptibles d'inhiber la jouissance pleine et entière d'actes guidés par une éthique personnelle garantissant la dignité de chacun. La santé sexuelle s'exprime aussi dans la conscience que nous avons des conséquences de nos actes sur la communauté, en évitant, par exemple, la transmission des infections.

Le concept de santé sexuelle est assez récent.

Vers la fin du 19e siècle, le neuropsychiatre Sigmund Freud ouvrit la voie, provoquant bien des scandales du seul fait d'étudier certains dysfonctionnements sexuels par delà des considérations strictement médicales ou physiologiques.

À la suite de ses travaux, libido, pulsions, désir, sexualité infantile, sexualité féminine et autres concepts tabous devinrent des notions dignes d'étude et de réflexion, mais toujours associées aux traumas, aux conflits psychiques et à la maladie mentale. Cette association entre les dysfonctionnements psychologiques et sociologiques et la sexualité était sans doute un héritage des siècles précédents, pudibonds et répressifs, particulièrement à l'égard de la sexualité féminine.

Par la suite, le développement de la sexologie va beaucoup contribuer à dissocier la sexualité de la maladie et des comportements pathologiques. C'est sans doute le zoologiste et médecin américain Alfred Kinsey qui a donné, en 1948, un premier grand élan à la connaissance de la sexualité avec la publication d'une importante étude quantitative sur le comportement sexuel masculin. Cinq ans plus tard, il publiait les fruits du même exercice, appliqué cette fois aux femmes.

Au milieu des années 1960, ce fut au tour du couple de sexologues américains Masters et Johnson de faire une énorme contribution à l'étude de la sexualité humaine en menant des recherches cliniques sur les réactions sexuelles de la population américaine, sur les mésententes sexuelles et sur leur traitement.

Bien que ces premiers travaux se soient principalement réduits à des données comptables, il n'en demeure pas moins qu'ils ont enclenché une véritable révolution.

Cette révolution sexuelle sera accélérée par l'arrivée de la pilule anticonceptionnelle, qui permet un contrôle sûr, par la femme elle-même, des grossesses non désirées. Quand les nombreux enfants de l'après-guerre atteindront l'adolescence et l'âge adulte, les conditions d'une libéralisation des mœurs sexuelles seront rapidement réunies.

Dans un contexte de paix relative, avec une population majoritairement jeune, libérée des contraintes contraceptives, le plaisir devient un droit et les femmes revendiquent, dans le bouillonnement des années 1970, l'égalité en matière de jouissance sexuelle !

Dans cette foulée, en 1976, la sortie du *Rapport Hite* bouscule l'idée dominante qui conçoit la sexualité féminine en fonction de la sexualité masculine coïtale. Shere Hite révèle notamment le rôle du clitoris comme détonateur principal du plaisir féminin et les infinies possibilités pour la femme de se satisfaire elle-même. Elle rend le rapport à l'homme conditionnel au plaisir mutuel et détruit bien des mythes commodes pour les mâles paresseux !

Depuis les recensements inspirés de la zoologie de Kinsey, la science a connu de spectaculaires envolées. Le Viagra et les traitements de la dysfonction érectile en sont des exemples frappants : le traitement de la dysfonction érectile est en soi une véritable nouvelle révolution sexuelle !

S'il reste encore bien des mystères à percer, plusieurs disciplines scientifiques et médicales, dont la neurophysiologie, la sexologie, la psychologie, l'endocrinologie et la biochimie ont récemment enrichi notre compréhension de la sexualité humaine. Nous savons maintenant quels mécanismes du corps entrent en jeu au cours du déroulement normal de l'acte sexuel ; et, à l'inverse, quels problèmes de santé peuvent contrecarrer une réponse physiologique positive à une stimulation sexuelle. La majorité de ceux qui souffrent d'un trouble de santé sexuel peuvent compter aujourd'hui sur des moyens efficaces pour leur venir en aide.

Petit guide anatomique

La première condition d'une vie sexuelle satisfaisante et pleine de découvertes est bien sûr de connaître son corps et celui de son ou sa partenaire, et de comprendre le fonctionnement de cette merveilleuse mécanique.

LES ORGANES GÉNITAUX MASCULINS

À la différence de la petite fille, le petit garçon grandit en ayant son sexe sous les yeux et... à portée de main ! Bien en vue à l'extérieur de l'abdomen, les organes génitaux masculins sont plus exposés aux contacts physiques que ceux de la femme. Ils y réagissent aussi de manière plus spontanée ; un simple frôlement accidentel peut provoquer l'excitation sexuelle (l'érection du pénis). La physiologie sexuelle féminine ne facilite pas autant les choses. Les organes génitaux masculins sont donc plus faciles à stimuler et ils procurent à l'homme une satisfaction sexuelle plus rapide et plus simple. Cette différence est sans doute liée aux besoins initiaux de reproduction de l'espèce. Mais la sexualité humaine s'est affranchie depuis longtemps des seuls besoins reproductifs !

L'organe sexuel principal et le plus sensible de l'homme est le **pénis**. Il est composé de deux corps caverneux et d'un corps spongieux, de vaisseaux sanguins, de nerfs, de tissus fibreux et de muscles lisses. Au milieu se trouve l'**urètre**, le canal qui permet l'évacuation de l'urine et du sperme. En réponse à une excitation sexuelle, un afflux de sang fait gonfler et dresser le pénis. D'un homme à l'autre, la taille du pénis varie, au repos comme en érection, et cette particularité n'est aucunement proportionnelle à l'intensité du plaisir qu'il peut procurer, à lui-même comme à sa partenaire.

La partie la plus sensible du pénis est son extrémité arrondie, le **gland**. Au repos, sauf en cas de circoncision, le gland est recouvert du **prépuce**, une peau mobile qui le protège et qui se rétracte au moment de l'érection. La membrane qui unit le prépuce au gland se nomme le **frein**, et l'ouverture de l'urètre qui se trouve au milieu du gland est le **méat urinaire**. Le pourtour du gland porte le nom de **couronne** et sur le dessus de celle-ci se trouve la **crête coronale**.

Au-dessous du pénis est suspendue une enveloppe cutanée appelée **scrotum** ou bourse scrotale. Ce sac contient les **testicules**, deux glandes de forme ovoïde d'environ 2,5 cm de large par 3,5 cm de long. Dans les testicules sont fabriqués la testostérone (les glandes surrénales des hommes produisent également une faible proportion de testostérone), l'hormone dite «masculine», ainsi que les spermatozoïdes, ces microscopiques «têtards» qui contiennent la moitié du bagage génétique nécessaire à la conception d'un nouvel être humain. Ce n'est pas un hasard si les testicules sont situés à l'extérieur de l'abdomen : ils ont besoin d'un peu de fraîcheur pour être productifs (un degré de moins que la température normale du corps). En se décontractant sous l'effet de la chaleur et en se contractant au froid (ainsi que quand l'homme est très excité), le scrotum veille à ce que les testicules conservent cette température idéale.

À l'intérieur de l'abdomen, derrière le pénis et sous la vessie, se trouvent deux types de glandes : la **prostate** et les **vésicules séminales**. La prostate, qui a la taille d'un abricot, est la plus volumineuse des glandes reproductives chez l'homme. Les vésicules séminales génèrent 30 % des sécrétions contenues dans le sperme (liquide séminal), alors que la prostate en fournit 60 %. Le reste du sperme est constitué de spermatozoïdes et

Organes génitaux masculins

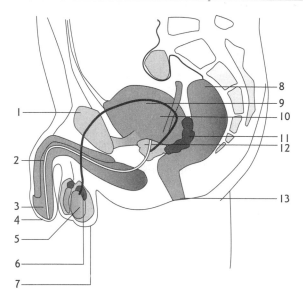

1. os pubien	8. rectum
2. urètre	9. canal déférent
3. gland du pénis	10. vessie
4. méat urinaire	11. vésicule séminale
5. testicule	12. prostate
6. épididyme	13. anus
7. scrotum	

de liquide provenant des **glandes bulbo-urétrales** ou glandes de Cowper, deux « petits pois » situés sous la prostate.

Pour faire le voyage des testicules à l'abdomen, avant de parvenir à maturité et d'être propulsé à l'extérieur du pénis, le sperme passe par les **canaux déférents**, où il est stocké. (Ce sont ces canaux que l'on coupe de chaque côté lors d'une vasectomie.) Ces longs tubes, qui relient les testicules à la prostate, rencontrent les vésicules séminales pour former les courts canaux éjaculateurs. Il faut à peu près 72 jours aux spermatozoïdes pour devenir matures.

LES ORGANES GÉNITAUX FÉMININS

Moins exposé que le sexe de l'homme, le sexe de la femme est depuis la nuit des temps entouré d'une aura de mystère. Lieu où se dessinent de nouvelles vies humaines, le sexe féminin possède aussi le nécessaire, et bien plus, pour s'abandonner aux plaisirs de la chair !

La **vulve** désigne l'ensemble des parties extérieures de l'appareil génital féminin. En avant et en haut de la vulve se trouve un coussinet de graisse recouvert de peau (et de poils à partir de la puberté) : il s'agit du **pubis**, aussi appelé mont de Vénus.

En dessous du pubis, les deux **grandes lèvres** se rejoignent latéralement et s'ouvrent sur les deux **petites lèvres**. À la puberté, la partie extérieure des grandes lèvres se couvre de poils. Chez certaines femmes, les petites lèvres peuvent déborder des grandes lèvres. L'apparence de chaque sexe est unique, chez la femme comme chez l'homme.

À leur rencontre dans la partie supérieure de la vulve, les petites lèvres se transforment en un capuchon rétractable qui protège le **clitoris**. Mesurant généralement entre 3 et 7 mm, ce petit bourgeon, dont l'unique fonction est de procurer du plaisir, regorge de terminaisons nerveuses et se compose, à l'instar du pénis, de tissus érectiles. Lors d'une stimulation

La vulve

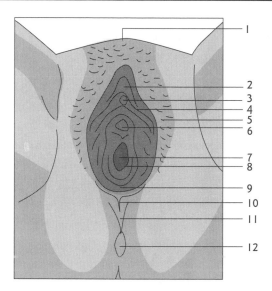

1. pubis (mont de Vénus)
2. prépuce du clitoris
3. clitoris
4. petite lèvre
5. grande lèvre
6. méat urinaire
7. vagin
8. hymen
9. vestibule
10. frein des petites lèvres
11. périnée
12. anus

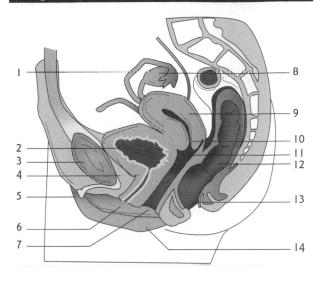

1. trompe de Fallope
2. vessie
3. os pubien
4. ligaments vésico-pubiens
5. clitoris
6. petites lèvres
7. vagin

8. ovaire
9. utérus
10. col de l'utérus
11. cul-de-sac vaginal
12. rectum
13. anus
14. grandes lèvres

sexuelle, il atteint le double de sa taille. Le corps clitoridien comprend aussi un petit gland (partie la plus sensible), un prépuce et un frein.

Entre les petites lèvres, la partie qui comprend l'orifice de l'urètre et l'orifice du vagin est nommée **vestibule**. Avant leur première relation sexuelle, la plupart des femmes ont entre le vestibule et le vagin une membrane souple généralement perforée :

l'**hymen**. L'hymen, qui ferme donc partiellement l'orifice vaginal, se rompt lors de la première pénétration vaginale.

Organe génital de la femme, le **vagin** est la voie qui mène de la vulve à l'utérus. C'est par ce conduit musculaire et membraneux que coulent le flux menstruel et les autres sécrétions provenant du col utérin. C'est aussi par lui que passera le fœtus à la naissance. La paroi antérieure du vagin et le **point G** (ou point de Gräfenberg) qui y est situé sont deux zones vaginales particulièrement riches en récepteurs du toucher et de la pression, qui sont susceptibles de provoquer de la jouissance. Le point G désigne une membrane située près de l'entrée du vagin, au milieu de la paroi vaginale du haut. À proximité du vagin et reliées à la vulve se trouvent deux glandes de la taille de petits pois nommées **glandes de Bartholin**. Elles participent à la lubrification de la vulve et du canal vaginal lors de l'excitation.

Cavité pelvienne destinée à accueillir le futur bébé, l'**utérus** prend la dimension d'une petite poire à la puberté. Au même moment, il se met à fonctionner, tout comme les **ovaires**, qui sont deux glandes situées de chaque côté de l'utérus et reliées à ce dernier par les **trompes de Fallope** (trompes utérines). Ce sont les ovaires qui produisent les ovules et les hormones sexuelles dites «féminines», les œstrogènes et la progestérone. Une fois par mois environ (le cycle des femmes est de 20 à 35 jours et l'ovulation se produit 14 jours avant le début des menstruations), un ovule est libéré par les ovaires et c'est dans les trompes de

Fallope qu'il pourra être fécondé par un spermatozoïde avant de se diriger vers l'utérus. Alors que l'homme produira tout au long de sa vie des milliards de spermatozoïdes, la femme, elle, ne disposera que d'une quantité limitée d'ovules. Avant la puberté, une femme possède plus de 400 000 ovules potentiels, mais seuls quelque 400 d'entre eux seront libérés au cours de sa vie. L'épuisement de ces 400 ovules se fera normalement vers le début de la cinquantaine, à la ménopause.

Physiologie de l'acte sexuel

Accéder à des expériences qui dépassent le simple accouplement exige quelques petits devoirs fort agréables : découvrir son corps et ses sensibilités, explorer les plaisirs de l'autre et apprendre à inventer de nouveaux plaisirs à deux.

Comment les stimuli sexuels voyagent-ils à travers le corps ?

Aussi naturelle et ludique qu'elle puisse paraître, la sexualité impose tout un travail à l'organisme. Pour pouvoir être prise de désir et grisée par d'incomparables plaisirs, la mécanique biologique doit être en bon état de fonctionnement. Le système nerveux et le système hormonal, véritables moteurs physiologiques de la sexualité humaine, ont besoin d'être en bonne santé et de fonctionner de façon optimale.

Le système nerveux se divise en trois parties. D'abord, le système nerveux central, qui est, comme son nom l'indique, au centre des opérations. Il émet les influx nerveux et analyse les données sensitives. Ce travail est effectué dans le cerveau et dans la moelle épinière (ensemble des tissus nerveux qui prolonge le cerveau le long de la colonne vertébrale).

La deuxième partie pourrait être comparée à un réseau électrique responsable de faire circuler l'information. C'est le système nerveux périphérique, dont les « câbles » responsables de la distribution des messages sont les nerfs crâniens et spinaux (de la colonne vertébrale). Ils acheminent les influx entre le système nerveux central et les zones périphériques, telles que la peau et les muscles.

La troisième partie est une sorte d'ange gardien des mécanismes vitaux de l'organisme, comme le rythme cardiaque ou la digestion. Il s'agit du système nerveux autonome, qui comporte deux branches : le système sympathique et le système parasympathique. Sous le contrôle du système sympathique, le corps est en mode de dépense d'énergie, alors qu'avec le système para-sympathique, il est incité à faire des réserves d'énergie. Les systèmes sympathique et parasympathique sont tous deux sollicités lors de l'acte sexuel. Comme le dit si bien le nom de ce système (autonome), nous n'avons que très peu de contrôle sur lui.

Le système sympathique prépare l'organisme à l'activité. C'est lui qui décide, en situation de stress (activation face au danger), si l'individu prend la fuite ou s'il choisit la lutte. Sous son contrôle, il y a accélé-ration du rythme cardiaque et respiratoire, dilatation des bronches et des pupilles, augmentation de la sécrétion de sueur et de la tension artérielle, et dimi-nution de l'activité digestive. Les neurotransmetteurs (substances qui permettent la transmission de l'influx nerveux) qui travaillent pour le système sympathique sont la noradrénaline et l'adrénaline.

À l'inverse du système sympathique, qui invite le corps à une dépense d'énergie, **le système parasym-pathique** l'appelle à l'économie. Cela se traduit par un ralentissement de toutes les fonctions de l'organisme, sauf les fonctions sexuelles et digestives. Le rythme cardiaque et respiratoire ralentit, les bronches et les pupilles se contractent, la sécrétion de sueur et la tension artérielle diminuent. Un seul neurotransmetteur est ici impliqué : l'acétylcholine.

Le système hormonal. Chez l'homme comme chez la femme, les hormones sexuelles agissent de concert pour créer les conditions physiques et mentales nécessaires au bon fonctionnement de l'acte sexuel. Ces substances chimiques sécrétées par les glandes voyagent dans le sang et exercent leurs actions sur d'autres organes ou groupes de cellules. Certaines hormones sont dites « masculines » (androgènes) et d'autres sont dites « féminines ». Cette distinction n'est pas tout à fait conforme à la réalité. En fait, la plupart des hormones se retrouvent à la fois chez les hommes et chez les femmes. Ce sont leurs proportions qui varient d'un sexe à l'autre.

Bien qu'elles soient présentes en plus grande quantité chez l'homme, les hormones androgènes sont très importantes pour la sexualité féminine. En particulier la testostérone, qui est la principale hormone sexuelle chez l'homme et qui est notamment responsable des caractères sexuels secondaires masculins, comme la pilosité ou le timbre de voix plus grave.

Chez l'homme, la testostérone est fabriquée à 95 % par les testicules, alors que, chez la femme, elle provient à la fois des ovaires (25 %), des glandes surrénales (25 %) et, pour 50 %, des tissus périphériques (foie, cerveau, peau). La testostérone a un effet marqué sur la libido, l'énergie vitale et l'affect, en plus d'améliorer, comme les autres androgènes, le tonus musculaire, la lubrification vaginale et la sensibilité à la stimulation, pour ne citer que ses principaux effets.

Les hormones féminines – les œstrogènes et la progestérone – règlent le cycle reproducteur et équilibrent mutuellement leurs diverses actions. À la différence du système hormonal de l'homme, celui de la femme est cyclique.

Chez la femme, la production d'hormones varie donc dans le temps et la production de testostérone est toujours moindre que chez l'homme. Il n'est donc pas étonnant que sa libido soit plus changeante, moins spontanée que celle de l'homme.

Quels sont les sens mis à contribution dans l'acte sexuel ?

La sexualité sollicite nos cinq sens, dont le niveau d'attention habituel décuple pour notre plus grand plaisir… L'excitation de la vue anime dans le cerveau une aire particulière de la matière grise qui provoque à son tour une cascade de réactions chimiques. L'odorat s'emballe pour les phéromones sexuelles, qui sont des signaux olfactifs destinés à attirer instinctivement la ou le partenaire. L'ouïe est attentive aux moindres roucoulements, soupirs et respirations qui disent le degré de désir et de jouissance du partenaire, orientant les caresses qui provoquent encore davantage de désir.

Le goût s'intensifie et transforme l'expérience charnelle en dégustation passionnée des sucs et saveurs de l'être désiré. Le toucher est sans doute le sens le plus sollicité dans l'acte sexuel. Dans le corps à corps, la peau de chacun reçoit et donne ce contact physique si excitant et vital.

Malgré l'importance que la vue a prise dans la vie quotidienne des pays occidentaux, le toucher nous est encore plus vital. Un bébé ne peut survivre sans caresses et un adulte peut difficilement garder son équilibre psychologique sans avoir lui aussi sa dose régulière de contacts physiques. Et puis le corps, de l'homme aussi bien que de la femme, déborde de zones érogènes qui ne demandent qu'à être découvertes et stimulées.

Quelles sont les caractéristiques de l'acte sexuel?

Habituellement, l'acte sexuel se divise en trois temps : il est déclenché par le désir sexuel (la libido), qui est suivi de l'excitation sexuelle, puis il culmine avec la satisfaction sexuelle (l'orgasme).

Du point de vue de la physiologie, la première phase est sous la gouverne de la fonction neurologique et hormonale, la deuxième est sous contrôle neurologique et vasculaire, et la troisième fait surtout appel au système neurologique et musculaire. Aussi bien l'homme que la femme traversent ces trois phases. Cependant, leurs caractères sexuels respectifs font en sorte qu'ils les vivent quelque peu différemment, tant sur le plan physique que psychologique.

Bien qu'il doive être nuancé, le vieux cliché qui dit l'homme «toujours prêt», au désespoir de la femme qui réclame de plus longs préliminaires, n'est pas sans fondement. Un stimulus physique (habituellement visuel ou tactile) est souvent le déclencheur du désir masculin. Chez la femme, c'est normalement l'aspect affectif et relationnel, exprimé principalement par le biais de la parole, qui joue ce rôle.

D'où vient le désir sexuel?

L'origine étymologique du mot «désir» nous dit qu'il vient de l'attente, de l'absence de réponse à nos pulsions ou à nos besoins. Cette absence de satisfaction immédiate est essentielle pour que naisse le désir sexuel, alors que les espoirs de satisfaction le font grandir.

Une relation objectale saine à la base du désir adulte est le résultat d'un long parcours capricieux et changeant, unique à chacun. Cette relation se manifeste par la capacité à faire de l'autre l'objet de notre désir tout en étant nous-mêmes l'objet de son désir et elle constitue une dialectique bien complexe dont on ne peut prétendre faire le tour.

Ce que l'on sait, c'est que le désir dépend des cinq sens, des fantasmes, de la mémoire (plaisirs et frustrations du passé) et de la condition physique et affective. Il naît, chez l'homme comme chez la femme, de l'attirance physique, de pulsions érotiques, de l'amour, de l'affection et... du désir !

La conquête amoureuse est un important inducteur de désir. Faire la cour, se montrer au mieux de ses qualités physiques et spirituelles, éveiller le désir pour parvenir à l'acte sexuel, cela ressemble à s'y méprendre aux rituels animaux de la conquête pour l'accouplement qui permet le choix du meilleur géniteur. Mais chez l'être humain, la procréation n'est plus le principal but de l'acte sexuel. Et dans un couple établi, la séduction ne vise plus à choisir le meilleur partenaire. C'est pourquoi la création d'un contexte particulier, la surprise qui brise la routine, l'échange intime, la générosité des gestes sont essentiels à la perpétuation et au renouvellement du désir.

Le désir des femmes peut être aussi fort que celui des hommes et il peut se produire aussi vite. Cependant, le paroxysme du désir est atteint plus rapidement chez les hommes, ce qui explique qu'ils soient plus vite prêts à passer à l'action. Même si la stimulation visuelle ou les gestes entreprenants du partenaire provoquent du désir chez la femme, une grande partie de ce désir reste liée à son état émotif. Il faut que la femme se sente belle et aimée pour que son désir s'affirme. Il dépendra ensuite des paroles et de l'attention que portera son partenaire aux nombreuses zones érogènes de son corps.

Le désir est fragile. Un manque de confiance en soi, une mauvaise communication entre les partenaires, une frustration qui refait surface et le voilà qui s'envole aussi rapidement qu'il était venu...

Est-il normal d'avoir des fantasmes et à quoi servent-ils ?

Avoir des fantasmes est naturel. Un fantasme se définit comme toute image, souvenir ou scénario érotique ou génital qui provoque une sensation de désir et même un état d'excitation chez celui ou celle qui l'imagine. Les fantasmes permettent d'allumer le désir sexuel, d'augmenter l'excitation et de mener vers l'orgasme. Le fantasme est un carburant sexuel qui stimule l'imaginaire et l'érotisme. Il dénote une capacité de s'érotiser par la pensée et il peut enrichir la vie sexuelle. Il ne devrait toutefois pas représenter le seul mode d'excitation. Le contact réel avec l'autre demeure essentiel pour développer son plein potentiel personnel et sexuel.

D'où vient l'excitation ?

Lorsque le désir sexuel est présent, la table est mise pour la deuxième phase de l'acte sexuel : l'excitation, c'est-à-dire la montée du plaisir sexuel. Encore une fois, les composantes psychoaffectives et physiques tissent ensemble les conditions nécessaires à l'éclosion de cette phase. Pour transformer le désir en plaisir, il faut passer à l'action.

L'excitation grandit avec les jeux sensuels et érotiques. Elle s'exacerbe au rythme des échanges manuels (masturbation), buccaux (baisers, lèchements, mordillement, sucements, fellation et cunnilingus) et de la pénétration génitale ou anale.

L'envie mutuelle de s'abandonner au plaisir tout en donnant du plaisir, de découvrir l'autre et de se laisser découvrir dans son intimité corporelle et psychologique est aussi importante que les échanges physiques.

Se dévoiler ainsi rend vulnérable, c'est pourquoi un espace intime et protégé est nécessaire quand on donne libre cours à son excitation. Toutefois, des jeux exhibitionnistes ou voyeuristes peuvent aussi avoir un effet érotisant.

En fait, dans la phase d'excitation, l'envie de rompre avec les interdits, de provoquer l'autre et de se provoquer soi-même est un puissant stimulant. Tout est ici une question de mesure et, pour cela, la communication est cruciale. Un pas de trop, un léger excès dans ce que le ou la partenaire est prêt(e) à accepter et le charme peut être rompu.

En solitaire, les choses sont plus simples, car l'excitation se matérialise par l'intensification de ses propres pensées érotiques, de ses souvenirs et de ses fantasmes, jumelés aux caresses et à la masturbation, sans qu'on ait à coordonner ses fantaisies avec celles de l'autre.

La masturbation est-elle une fonction biologique ?

La masturbation est une fonction biologique, un phénomène naturel. Il ne s'agit toutefois pas d'un besoin inné ou d'une obligation. L'envie de se masturber peut varier d'un individu à l'autre, notamment en fonction de l'âge (la masturbation est plus fréquente à l'adolescence, où elle constitue une préparation à l'acte sexuel), de la libido et de la vie amoureuse et affective. La masturbation s'avère une pratique utile pour mieux connaître son corps, découvrir ses préférences, s'approprier sa sexualité et se procurer du plaisir sexuel, seul ou avec son partenaire.

Utiliser des *sex toys* fait-il partie d'une sexualité saine?

Oui, quand ils sont un complément à l'acte sexuel. L'objet ne doit pas devenir en soi un objet de désir (fétichisme). Si l'utilisation d'un accessoire devient absolument nécessaire à la sexualité ou si la qualité de la satisfaction sexuelle est affectée par l'utilisation ou la non-utilisation de l'objet, il s'agit d'un problème psychosexuel (paraphilie).

Quelles sont les principales zones érogènes?

Bien que le corps tout entier puisse générer du plaisir, certaines parties de l'anatomie féminine et masculine s'avèrent plus sensibles aux touchers érotiques. Ces zones dont l'excitation est nécessaire pour déclencher l'orgasme sont dites «zones érogènes primaires».

L'homme a une zone érogène primaire: le pénis. La femme en a deux: le clitoris et le vagin. Les spécialistes ne sont cependant pas tous d'accord pour mettre sur un pied d'égalité le clitoris et le vagin. Contrairement au clitoris, qui est hypersensible, le vagin ne possède pas de récepteurs au toucher ailleurs que sur sa paroi antérieure. Néanmoins, l'engorgement et les contractions de sa paroi lors de l'orgasme peuvent être une source de jouissance, de même que le point G, situé dans cette région.

Les zones érogènes secondaires sont les muqueuses ou les régions cutanées dont l'excitation a un effet d'entraînement sur les zones érogènes primaires. Chez l'homme, cette région comprend le scrotum, l'intérieur du haut des cuisses, le périnée (région comprise entre l'anus et les parties génitales) et la région de l'anus. Chez la femme, la zone secondaire de plaisir englobe la peau et les muqueuses du pubis, le début du sillon des fesses, les grandes et les petites lèvres, le périnée, l'entrée du vagin et l'anus. Les seins, en particulier les mamelons, sont très sensibles, autant chez l'homme que chez la femme. Toutefois, chez la femme, les caresses manuelles et surtout buccales produisent un effet très direct sur la lubrification du vagin.

Quels sont les mécanismes de l'excitation?

Lorsque les zones érogènes sont stimulées, les terminaisons nerveuses de la peau envoient des messages au cerveau. Cette information est traitée en fonction des souvenirs, du contexte et de l'expérience. Si elle est reconnue comme étant de nature sexuelle, elle suscite une réponse physique sexuelle. Au niveau du système nerveux, le système sympathique accélère le rythme cardiaque et la respiration, alors que le système parasympathique provoque un relâchement musculaire dans l'ensemble du corps (sauf sur les fonctions sexuelle et digestive). Cette détente permet aux vaisseaux sanguins d'augmenter de calibre (vasodilatation) et c'est alors que le sang afflue en grande quantité pour engorger les organes génitaux. Les phénomènes de l'excitation sexuelle connaissent une phase d'intensification qui précède de peu la phase de l'orgasme ; cette phase se nomme « le plateau ».

Comment se manifeste l'excitation chez l'homme ?

Dès le début de l'excitation, le pénis de l'homme se met en érection, ce qui pousse le prépuce vers l'arrière en découvrant le gland. L'érection peut par la suite perdre temporairement de son intensité. (Des distractions ou des agents stresseurs peuvent aussi la faire disparaître complètement.) Sous la stimulation tactile, la sécrétion de l'hormone appelée ocytocine accroît la sensibilité du pénis. Le scrotum se serre et se lève alors sous la tension musculaire et les testicules montent partiellement vers le périnée. La région génitale n'est pas la seule à être sous tension, c'est aussi le cas de la musculature abdominale et intercostale. Au cours de cette phase, les mamelons peuvent être en érection, comme ils peuvent l'être lors du plateau.

Au cours du plateau, la pression sanguine augmente et le rythme cardiaque peut passer à 100 à 175 battements par minutes. La circonférence du pénis connaît une croissance au niveau de la crête coronale et la couronne peut changer de teinte. Les testicules, qui font plus que doubler de volume (par rapport à leur état non stimulé), s'élèvent encore davantage, jusqu'à être presque collés au périnée. Cette position annonce l'éjaculation. Les glandes de Cowper peuvent laisser échapper quelques gouttes de liquide prééjaculatoire contenant des spermatozoïdes. La tension musculaire atteint un niveau maximal, provoquant des contractions spasmodiques des muscles faciaux, abdominaux et intercostaux. Les mamelons sont toujours en érection et peuvent être gonflés. Une rougeur peut couvrir le haut du corps antérieur : de l'épigastre (creux de l'estomac) jusqu'au devant du thorax, au cou, au visage et parfois aux épaules et aux avant-bras.

Comment se manifeste l'excitation chez la femme ?

Le premier signe d'excitation chez la femme est la lubrification du vagin. Elle survient dans les 10 à 30 secondes suivant le début d'une stimulation sexuelle. Cette stimulation peut être une pensée érotisante, un contact, une caresse, une parole... Fait à noter : la stimulation tactile des organes génitaux augmente aussi chez elle la sécrétion de l'ocytocine, cette hormone qui favorise la réceptivité sexuelle. Notons aussi que le vagin est constitué de plusieurs muscles qui, pour lui permettre de s'allonger et de s'entrouvrir, doivent « se détendre ». C'est un des éléments biologiques qui expliquent pourquoi la femme a besoin de temps et d'ambiance pour que son corps entre en état d'excitation. Il ne s'agit donc pas d'un caprice féminin, mais bien d'un impératif biologique!

Toujours dans la première phase d'excitation, l'intensification du flux sanguin commence à modifier l'apparence des organes génitaux. Le canal vaginal augmente de volume en s'étirant et ses parois se colorent d'une teinte pouvant aller du rouge violacé normal à plus foncée. Le corps clitoridien s'accroît: le gland gonfle et le prépuce s'allonge. L'utérus se soulève en partie et sa sensibilité au plaisir augmente. Chez les femmes n'ayant jamais accouché (nullipares), les grandes lèvres s'aplatissent, se séparent, se gonflent vers l'avant et s'écartent de l'orifice du vagin. Chez les femmes ayant déjà accouché (primipares ou multipares), les grandes lèvres, au lieu de s'aplatir, augmentent de volume et s'écartent légèrement. Les petites lèvres s'amincissent et leur expansion allonge le canal vaginal d'à peu près un centimètre.

Stimulé vigoureusement et de manière prolongée, le point G (situé près de l'entrée du vagin, au milieu de la paroi vaginale du haut) se soulève pour atteindre la grosseur d'un pois et peut ensuite déclencher un orgasme. La musculature abdominale et intercostale, tout comme la musculature vaginale, est sous tension. La poitrine est gonflée, de même que les aréoles (cercle entourant les mamelons) et les mamelons sont en érection. En phase de plateau, la pression sanguine augmente et le rythme cardiaque peut passer à 100 à

175 battements à la minute. Le canal vaginal connaît son dernier allongement. Le corps clitoridien se contracte et recule légèrement entre les deux os du pubis. Dans le grand bassin, où il se prolonge, l'utérus est complètement levé. Cette position, qui crée un espace vide au milieu du vagin, a pour effet d'augmenter son excitabilité. Les grandes lèvres s'engorgent avec intensité chez les nullipares, alors que chez les primipares et les multipares elles continuent à gonfler. Les petites lèvres se colorent en rouge foncé, signalant l'arrivée de l'orgasme. La musculature volontaire et involontaire se contracte maintenant en spasmes au niveau facial, abdominal et intercostal. Le rectum peut être contracté volontairement pour stimuler davantage l'excitation. La rougeur sexuelle bien visible peut couvrir le corps en entier.

Qu'est-ce que l'orgasme ?

Le terme « orgasme » est issu du grec *orgân*, qui signifie « bouillonner d'ardeur ». L'image est tout à fait cohérente avec l'explosion de plaisir qui caractérise cette phase de la satisfaction sexuelle où le temps semble suspendu, mais qui ne dure en moyenne que 20 petites secondes. Par définition, l'orgasme est le point où culminent les tensions sexuelles et où débute leur relâchement. Les réactions du corps mises en œuvre au cours de cette étape sont commandées par le système neurologique et musculaire.

Dans la lignée des phases qui la précèdent (désir et excitation), la phase orgasmique a aussi un caractère psychophysiologique, c'est-à-dire qu'elle associe les dimensions psychologique et physiologique. Ces dimensions se conditionnent et se nourrissent mutuellement. Plus la rencontre est significative du point de vue des émotions, plus la jouissance physique éprouvée a de chances d'être intense et de pousser à son tour l'extase vers de plus hauts sommets. Certains associent d'ailleurs ce sentiment d'extase à une expérience spirituelle. Expérience subjective à coup sûr, elle a chaque fois sa couleur et sa saveur propres. D'ailleurs, la satisfaction sexuelle de la femme ne se mesure pas nécessairement par le fait qu'elle a atteint l'orgasme ou non.

Comment se déroule l'orgasme masculin ?

L'orgasme masculin se déroule en trois temps : émission du sperme, éjaculation, orgasme. Afin d'émettre le sperme, les organes secondaires (les canaux déférents, les vésicules séminales et la prostate) se contractent. Lorsque cette étape est franchie, c'est le point de non-retour.

Dans un deuxième temps, des contractions se déclenchent sur toute la longueur de l'urètre pénienne pour permettre l'éjaculation. Les trois ou quatre premières ont une grande force expulsive et se suivent à 0,8 seconde d'intervalle. D'autres, plus faibles et de moindre fréquence, se poursuivent durant plusieurs secondes. L'éjaculation est aussi aidée par la contraction du sphincter de l'anus et des muscles du périnée, qui se contractent aussi de manière involontaire. L'ocytocine sécrétée au moment de l'excitation stimule les muscles involontaires du pénis et accroît sa sensibilité.

Sur l'ensemble du corps, la musculature volontaire et involontaire est prise de spasmes. Le rythme respiratoire s'élève à plus de 40 respirations par minute, son intensité et sa durée variant selon le degré de tension sexuelle. La pression sanguine s'élève plus que lors de la phase d'excitation et le pouls atteint de 110 à 180 battements par minute. La rougeur sexuelle est bien visible : dans 25 % des cas, elle est proportionnelle à l'intensité de l'orgasme. Après l'éjaculation, la vaso-congestion ne met pas de temps à disparaître et le pénis reprend tranquillement son état normal, comme les autres organes du corps. Cette phase de résolution, comprend la période réfractaire, qui délimite la période pendant laquelle le pénis ne peut pas répondre (ou très peu) à la stimulation sexuelle (c'est une période où l'homme peut même ressentir un inconfort si son pénis est de nouveau stimulé). Plus un homme avance en âge, plus cette période s'allonge. Elle peut s'étendre sur jusqu'à 48 heures chez un homme de 70 ans, alors qu'elle ne dure que quelques minutes chez un jeune homme en bonne santé.

La circoncision a-t-elle une influence sur la sexualité ?

C'est généralement pour des raisons religieuses et culturelles (parfois médicales) que certains hommes subissent la circoncision, une chirurgie qui consiste à enlever entièrement ou en partie le prépuce. De façon générale, le fait d'être circoncis n'aurait pas d'impact significatif sur la fonction sexuelle et sur le plaisir sexuel.

Il n'est pas impossible, cependant, que la circoncision affecte la sexualité, comme ce peut être le cas si le prépuce est trop serré sur le gland, par exemple. L'impression d'avoir plus de sensations au cours des relations sexuelles après avoir subi une circoncision est discutable étant donné que même l'homme non circoncis a le gland dégagé lors de la pénétration (le prépuce se rétractant du gland au moment de l'érection).

Certains ont l'impression que le prépuce est malpropre parce qu'il protège le gland. Si un homme prend l'habitude de rétracter le prépuce de son gland lorsqu'il se lave, aucune odeur nauséabonde ne devrait s'en dégager.

Comment se déroule l'orgasme féminin ?

À la différence des hommes, les femmes n'ont qu'une phase orgasmique. Par contre, elles peuvent éprouver deux formes d'orgasmes : clitoridien ou vaginal. Bien que le clitoris soit le principal organe de jouissance de la femme (son unique fonction est de donner du plaisir), certaines réagissent mieux à la stimulation vaginale et d'autres répondent aussi bien aux deux.

L'orgasme clitoridien peut être déclenché de façon directe ou indirecte. Certaines femmes peuvent trouver la stimulation directe du clitoris trop intense et préférer la stimulation indirecte : des caresses sur les lèvres vaginales qui font vibrer le clitoris ou le frottement du pénis lors du coït, par exemple. Au moment de l'orgasme clitoridien, le clitoris reste tel qu'il était lors du plateau (contracté vers l'arrière, dans la symphyse pubienne). Dans le vagin, les contractions de la plateforme orgasmique se suivent à intervalles de 0,8 seconde, entre 5 et 12 fois. À la suite de la troisième ou de la sixième contraction, elles se font moins rapprochées dans le temps et s'affaiblissent. Des contractions traversent le corps utérin du fond jusqu'à l'avant. Plus ces mouvements saccadés sont puissants, plus la satisfaction sexuelle (de celles qui peuvent jouir de façon vaginale) devrait être grande. Chez les femmes qui ont déjà accouché, le vagin fait deux fois sa taille initiale. En même temps que la plateforme vaginale, le sphincter se contracte de manière involontaire. La pression sanguine devient plus élevée que lors de la phase d'excitation et le rythme cardiaque passe à 110 à 180 battements à la minute. Le rythme respiratoire, qui est supérieur à 40 respirations par minute, est proportionnel à l'intensité et à la durée de l'orgasme. La musculature de l'ensemble du corps est traversée de contractions involontaires et de spasmes. Dans 75 % des cas, plus l'orgasme est intense, plus la peau est couverte de rougeurs sexuelles.

L'orgasme obtenu par pénétration vaginale produit des sensations plus subtiles que celui obtenu par stimulation du clitoris. L'orgasme vaginal est ressenti comme des vagues qui enveloppent la personne, alors que l'orgasme clitoridien est ressenti plus vivement, comme des «chocs» électriques sur la vulve et dans le ventre.

Doit-on restreindre ses activités sexuelles durant la grossesse?

La grossesse est une période marquante dans la vie d'une femme et de son partenaire. Cette période de transformation physique et psychologique qui précède la venue d'un enfant peut modifier la vie sexuelle. Cela dit, en règle générale il n'existe aucune contre-indication à la pratique de l'activité sexuelle durant la grossesse, à moins d'un problème particulier. Le fait d'avoir déjà fait des fausses couches, par exemple, peut nécessiter d'éviter la pénétration lors des premiers mois. La présence de saignements, une implantation anormale du placenta, une rupture de la poche des eaux, une ITS chez la femme ou son partenaire sont parmi les situations exceptionnelles qui peuvent justifier qu'une femme enceinte restreigne son activité sexuelle. Dans une grossesse normale, la crainte de faire du mal au bébé n'est pas fondée, car il est hors de portée dans l'utérus, baignant dans son sac de liquide amniotique. La seule chose à éviter durant les relations sexuelles est de souffler dans le vagin de la femme (cela pourrait entraîner certaines complications).

Est-il normal que le désir sexuel fluctue au cours de la grossesse ?

Il est tout à fait normal que les changements physiques et psychologiques qui surviennent durant la grossesse fassent fluctuer le désir sexuel. Les trois premiers mois sont généralement très riches en émotions et l'attention du couple a bien des chances d'être centrée sur les changements qu'implique cette nouvelle réalité. Il est normal également que les nausées et la fatigue que la femme peut ressentir en début de grossesse atténuent ses envies sexuelles. Certaines personnes craignent que la pénétration n'entraîne une fausse-couche : ce n'est pas fondé.

Au cours du deuxième trimestre, certaines femmes peuvent continuer à présenter les symptômes observés au premier trimestre, de même que de la sécheresse vaginale. Alors que ses rondeurs s'accentuent et que sa nouvelle identité de mère prend forme, il arrive que la femme modifie sa perception de sa dimension sexuelle. Son image corporelle peut devenir un obstacle à la sexualité. Son partenaire risque aussi de la considérer comme une mère en devenir et d'oublier qu'elle est aussi une amante. Heureusement, l'effet inverse est aussi fréquent. Il y a des femmes qui se sentent encore plus désirables enceintes et de nombreux hommes n'en pensent pas moins.

Au troisième trimestre, certaines positions deviennent moins confortables. C'est le moment d'explorer de nouvelles possibilités. Les partenaires peuvent facilement trouver des jeux sexuels et des caresses qui conviennent mieux aux dispositions de la femme. Après le huitième mois, la peur de déclencher l'accouchement peut ralentir les ardeurs. Cette crainte n'est pas fondée : la plupart des femmes peuvent continuer à avoir une vie sexuelle active jusqu'à l'accouchement.

Quels sont les effets de l'activité sexuelle sur la santé ?

D'abord, le sexe est bon pour le moral ! En solitaire, il invite à explorer son corps, à nourrir son imaginaire fantasmatique, à garder bien en vie son énergie vitale et à s'offrir une douce évasion. Vécu en compagnie, il peut prendre la forme d'un riche échange créatif, ludique, périlleux quelquefois, libre du jugement social, énergisant et valorisant. Lieu privilégié d'intimités partagées et d'explosions de l'imaginaire, l'activité sexuelle est sans pareille pour mieux se connaître, refaire le plein d'énergie et se détendre.

Ce bien-être est renforcé physiologiquement par la sécrétion de diverses hormones, dont la testostérone (stimulante), la dopamine (euphorisante), la mélatonine (stimulante), la sérotonine (antidépressive), les endorphines (calmantes) et l'ocytocine (qui déclenche plaisir orgasmique et attachement). Faire l'amour est l'activité qui enclenche le plus de réactions hormonales. Par un effet domino, celles-ci tendent à stimuler la mémoire, à élever le seuil de tolérance à la douleur et à embellir la peau !

L'activité sexuelle stimule les systèmes cardiovasculaire et respiratoire, et elle tonifie ainsi l'ensemble des organes vitaux. Son action bienfaisante se fait aussi sentir sur le système nerveux, ce qui pourrait atténuer divers troubles fonctionnels liés au stress et à l'anxiété, tels que les migraines, les problèmes de digestion ou les affections cutanées.

Grâce aux endorphines qu'il libère, l'orgasme s'avère un excellent allié pour contrer l'insomnie. Ces hormones relaxantes, stimulées par le plaisir, agissent comme des tranquillisants et facilitent ainsi le sommeil. Chez la femme, l'orgasme peut aussi réduire les douleurs menstruelles grâce aux contractions et aux décontractions rythmées des muscles pelviens.

D'autre part, l'activité sexuelle permet de maintenir et d'améliorer l'intimité. Et l'intimité améliorerait la survie en cas de cancer et de maladies cardiovasculaires.

L'activité sexuelle aurait des bienfaits encore plus marqués chez les personnes plus âgées en contribuant principalement à maintenir la qualité de vie, en augmentant le désir de vivre et de communiquer, en faisant oublier certains malaises, en contrant la solitude et l'état dépressif et en augmentant l'estime de soi. L'amour et l'intimité prolongeraient même la durée de la vie.

La sexualité après 50 ans

Avancer en âge ne signe aucunement l'arrêt de la vie sexuelle ! En fait, la fonction sexuelle est une des dernières fonctions de l'organisme à vieillir.

Qu'est-ce que le fait de vieillir change à la sexualité ?

Le regard que nous portons aujourd'hui sur la sexualité est très différent de ce qu'il était il y a quelques générations. Avec l'allongement de la durée de vie, la hausse du niveau d'éducation et l'importance croissante que nous accordons à l'épanouissement personnel, la sexualité est maintenant considérée comme une composante importante de notre santé à tous les âges de la vie.

Bien que nous disposions aujourd'hui de moyens susceptibles de nous donner l'air jeune plus longtemps, vieillir demeure inévitable. Et il n'est pas toujours évident d'accueillir ce passage avec sérénité... La peur de ne plus plaire, d'avoir moins de désir pour son ou sa partenaire et de perdre ses aptitudes à jouir et à faire jouir est souvent déterminante dans le fait d'accepter ou de refuser ce passage obligé.

Dans l'inconscient collectif, sexualité et vieillesse ne vont pas aisément de pair : l'idée que nous nous faisons de l'attirance et des prouesses sexuelles sportives et osées se heurte à notre conception de la vieillesse stérile. Pourtant, quelque 70 % des personnes

45

de 70 ans seraient sexuellement actives de façon régulière et, dans ce groupe, un homme sur deux et une femme sur trois pratiqueraient la masturbation.

Bien sûr, le vieillissement des processus hormonaux, neurologiques et vasculaires se fera sentir tôt ou tard sur la fonction sexuelle. Il est normal qu'avec l'avancement en âge il y ait une légère diminution de l'intérêt sexuel et plus de risques d'être victime de dysfonctionnements sexuels. L'homme qui avance en âge doit redécouvrir la sensualité, car le fonctionnement génital ne peut plus faire le travail seul. Faut-il le rappeler, la sexualité part de la tête autant que du corps. Et si cela est vrai pour les jeunes adultes, cela l'est aussi, sinon plus, pour les aînés.

Pour passer à l'acte, une attitude mentale positive peut largement compenser une baisse de vigueur physique. En retour, l'activité sexuelle procurera une nouvelle énergie. Dépasser le stade de la performance nous amène à redécouvrir notre sexualité, à renouveler les caresses, à se rapprocher de l'essentiel et, peut-être, à apprécier encore mieux ces moments privilégiés.

Qu'est-ce que la ménopause?

Les fonctions reproductrices de l'homme et de la femme ne connaissent pas la même évolution. L'une demeure, alors que l'autre s'arrête. Cet arrêt normal de l'activité des ovaires, connu sous le nom de ménopause, survient chez les femmes entre 45 et 55 ans (à 51 ans en moyenne). Elle peut survenir prématurément, dans la trentaine, soit naturellement, soit à la suite de l'ablation des ovaires (l'ablation de l'utérus seul fait cesser les règles, mais ne provoque pas la ménopause), ou à la suite de traitements tels que la chimiothérapie ou la radiothérapie.

«Méno» désigne les menstruations et «pause», l'arrêt. La femme est dite ménopausée lorsqu'elle n'a plus de menstruations depuis au moins 12 mois. Une période appelée périménopause caractérise la période de changement et d'irrégularité du cycle menstruel qui précède la ménopause (cela survient généralement dans la quarantaine et peut durer de deux à huit ans) ainsi que l'année qui suit l'arrêt des règles. Les symptômes de la ménopause (bouffées de chaleur, irritabilité, etc.) peuvent se manifester occasionnellement avant la ménopause pour s'accentuer au cours de la ménopause. La période de postménopause (ou ménopause confirmée) désigne les cinq années suivant la ménopause, au cours desquelles les symptômes de la ménopause se dissipent, en général, graduellement.

Quels sont les effets de la ménopause sur la fonction sexuelle ?

Pendant la périménopause, les ovaires commencent à moins bien réagir qu'avant à la stimulation des hormones FSH (hormone folliculostimulante) et LH (hormone lutéinisante). La FSH et la LH sont sécrétées par l'hypophyse pour stimuler la production d'œstrogènes et de progestérone ainsi que la libération d'un ovule par l'ovaire. Le cycle menstruel habituel commence donc à se dérégler : l'ovulation se fait moins souvent et les taux d'hormones se mettent à fluctuer comme jamais. Les taux de progestérone et d'œstrogènes baissent jusqu'à éventuellement disparaître. Cette chute se répercute sur la fonction sexuelle.

Le manque de progestérone entraîne une diminution de la lubrification vaginale, provoque de la tension dans les muscles pelviens ainsi que de l'œdème (gonflement) des tissus entourant le pubis. La carence en œstrogènes nuit aussi à la bonne condition du vagin. Les risques de douleurs au moment des relations sexuelles (dyspareunie) sont accrus par la diminution de la lubrification vaginale et l'amincissement de la paroi vaginale, de même que par une possible atrophie du vagin. La dyspareunie peut entraîner à son tour des contractions douloureuses de l'entrée du vagin au moment de la pénétration (vaginisme). En diminuant l'apport sanguin du pubis lors de la stimulation, le manque d'œstrogènes amoindrit quantitativement et qualitativement les orgasmes. Aussi, en augmentant le pH du vagin, il rend le terrain propice au développement de vaginites (inflammations de la muqueuse du vagin) souvent causées par *Candida albicans*, une sorte de levure. Les bouffées de chaleur, l'irritabilité et la tendance à l'insomnie (due, entre autres, aux sueurs nocturnes) peuvent aussi détourner les femmes ménopausées de leur sexualité. Certaines peuvent connaître une baisse de testostérone, ce qui a pour conséquence de diminuer leur joie de vivre, leur désir sexuel, leurs fantasmes, leur tonus musculaire, leur réceptivité aux stimuli sexuels, de même que la puissance de leurs orgasmes.

Comment traiter les symptômes de la ménopause ?

Sans que l'on sache pourquoi, les femmes qui ont une sexualité active développeraient moins que les autres des symptômes liés à la ménopause. Cela dit, pour celles qui souffrent de l'un ou de plusieurs de ces symptômes, l'envie de vivre leur sexualité peut être grandement perturbée.

La modification du mode de vie et des traitements médicaux peuvent aider celles qui en ont besoin. Faire de l'exercice, ne pas fumer et bien s'alimenter (en consommant notamment des aliments riches en phyto-estrogènes, des œstrogènes végétaux contenus dans le soja, les graines de lin, les pois chiches, etc.) peut améliorer certains symptômes. Le recours à l'hormonothérapie, aux crèmes lubrifiantes, à certains médicaments (antidépresseurs, stabilisateurs vasculaires), à la psychothérapie ou à la sexothérapie peut aider à surmonter la plupart des obstacles à la vie sexuelle si les symptômes liés à la ménopause sont considérés comme invalidants par la femme qui les subit.

Qu'est que l'hormonothérapie substitutive ?

L'hormonothérapie substitutive a pour but de remplacer les hormones manquantes à la ménopause (œstrogènes et progestérone) en administrant leur équivalent par des molécules synthétisées selon différents procédés. Les doses prescrites seront les plus faibles nécessaires pour être efficaces, et le traitement et sa durée doivent être réévalués périodiquement.

De manière générale, l'hormonothérapie dure environ cinq ans, mais il est possible que la femme et son médecin décident de la prolonger. Cette méthode qui peut être choisie par beaucoup de femmes est cependant contre-indiquée dans les cas de cancer du sein (ou chez les femmes à risque élevé), de maladies thromboemboliques, de maladies du foie et de saignements vaginaux inexpliqués. Une évaluation rigoureuse des avantages et des risques de l'hormonothérapie devra être faite en regard des autres problèmes de santé : migraines, taux de triglycérides élevé, cancer de l'utérus et des ovaires, fibromes utérins, endométriose, maladies chroniques de la vésicule biliaire et du foie. Selon la Société des obstétriciens et gynécologues du Canada, il est adéquat de recourir, pendant une courte période, à l'hormonothérapie pour soulager des symptômes de modérés à graves de la ménopause.

L'hormonothérapie doit être adaptée à chaque cas, selon la nature et l'intensité des symptômes ainsi que les antécédents médicaux de la femme ménopausée. Pour une femme qui a subi une ablation de l'utérus, l'hormonothérapie devrait habituellement s'en tenir aux œstrogènes, alors qu'on prescrira de la progestérone combinée à des œstrogènes à une femme qui a encore son utérus (la progestérone neutralise les risques de cancer de l'utérus qui sont accrus par les œstrogènes).

Pour soulager les symptômes liés au manque d'œstrogènes, les médecins prescrivent généralement le plus puissant des trois types d'œstrogènes que produit le corps : l'œstradiol. Ce dernier peut être administré sous forme de comprimés oraux ou vaginaux, de gels ou de crèmes, de timbres transdermiques, d'injections ou d'anneaux vaginaux (des anneaux synthétiques qui se placent au fond du vagin et qui doivent être changés tous les trois mois). Si les symptômes à soulager se situent au niveau du vagin, on peut faire des applications locales de l'hormonothérapie. Les médicaments qui passent directement dans le sang à travers la peau (comprimés vaginaux, timbres, gels, crèmes, injections et anneaux vaginaux) ont l'avantage d'éviter la transformation des hormones dans le foie, comme c'est le cas avec certains comprimés oraux et d'éviter ainsi des problèmes digestifs et circulatoires ainsi qu'une hausse de la tension artérielle. Quant à la progestérone, elle existe sous forme de comprimés oraux, de crèmes vaginales ou de comprimés vaginaux.

Les femmes peuvent-elles prendre de la testostérone ?

Depuis quelques années, la science médicale commence à reconnaître que la femme peut souffrir d'une baisse ou d'un manque de testostérone. Le syndrome d'insuffisance androgénique féminine (IAF) implique que la femme souffre de symptômes comme une diminution de sa libido et du plaisir sexuel, une diminution du bien-être, un état dépressif et une fatigue inexpliquée. Un dosage sanguin doit exclure d'autres étiologies et faire la preuve d'un taux réduit de testostérone. Cet état peut apparaître à la suite d'une chirurgie, comme une ovariectomie bilatérale, ou à la ménopause.

Le traitement implique que la femme reçoive une hormonothérapie à base d'œstrogènes au préalable et que les symptômes dépendant d'une carence en cette hormone soient corrigés et/ou que son état œstrogénique soit normalisé et que cela soit confirmé par un contrôle sanguin. Bien que l'administration d'androgènes ne soit pas officiellement reconnue au Canada, certaines femmes peuvent en tirer avantage si elle est appliquée par des cliniciens expérimentés (avec le consentement éclairé des femmes). Les doses de testostérone utilisées sont d'environ un dixième de celles que l'on fait prendre aux hommes. Si la posologie est bien respectée, il n'y a habituellement pas d'effets secondaires (s'il y en a, ils sont peu nombreux et mineurs).

Quelles sont les solutions de rechange à l'hormonothérapie ?

Pour les femmes qui ne peuvent pas ou ne souhaitent pas recourir à l'hormonothérapie, d'autres médicaments peuvent être utilisés. Certains antihypertenseurs ou antidépresseurs réduisent les bouffées de chaleur. Pour traiter l'irritabilité, des méthodes de relaxation ou une psychothérapie devraient être envisagées avant de faire prendre des antidépresseurs. Cette période de changement chez la femme est souvent associée à une remise en question, une perte d'estime de soi et même une détresse profonde dans certains cas. En ce qui concerne la sécheresse vaginale, des lubrifiants à longue durée d'action peuvent être appliqués tous les deux ou trois jours. Quel que soit le traitement choisi, il est important que la femme s'interroge sur son état émotif par rapport à cette transition de sa vie.

Qu'est-ce que l'andropause?

Avant tout, il est important de mentionner que le terme « andropause », surtout utilisé dans le langage populaire, l'est de moins en moins en médecine. Le terme « hypogonadisme acquis » lui est préféré, car il décrit mieux cette réalité et rend la distinction plus nette par rapport à la ménopause, qui est un état très différent.

Contrairement à la ménopause, qui survient dans la vie de toute femme, l'hypogonadisme acquis ne se manifeste que chez une fraction de la population masculine. Des études ont montré que la prévalence de l'hypogonadisme acquis variait de 2 % entre 40 et 49 ans à environ 50 % entre 70 et 79 ans. Pour bien comprendre cette problématique médicale, il faut définir ce qu'est l'hypogonadisme. Le médecin peut poser un diagnostic lorsque deux conditions sont réunies : des symptômes cliniques correspondants et une diminution du taux de testostérone.

L'hypogonadisme est un phénomène naturel, lié à l'âge, qui se produit non seulement sur le plan physiologique, mais aussi sur le plan psychologique. Il est provoqué par une diminution de la production de testostérone par les testicules. À la différence de la ménopause, l'hypogonadisme survient à la suite d'une diminution graduelle de la production hormonale s'échelonnant sur plusieurs décennies. À partir de l'âge de 30 ans, le taux de testostérone de tous les hommes baisse à raison de 10 % tous les 10 ans. À 60 ans, le taux de testostérone en circulation dans l'organisme sera d'environ la moitié de ce qu'il était à 40 ans. Contrairement à la ménopause chez la femme, l'hypogonadisme ne signe pas la fin des capacités procréatrices de l'homme, mais il peut entraver considérablement sa vie sexuelle.

Quelles sont les conséquences possibles de l'andropause (hypogonadisme acquis) sur l'homme et sur sa sexualité ?

Les symptômes de l'hypogonadisme peuvent se manifester à trois niveaux : physique, comportemental et sexuel. Ces symptômes ne sont pas propres à ce trouble et peuvent se retrouver dans la dépression, par exemple. Toutes ces manifestations n'ont pas besoin d'être présentes et il existe une variabilité interindividuelle des symptômes et de leur intensité.

Physiquement, le manque de testostérone peut provoquer une perte de stature, une diminution du tonus, de la force et de l'endurance musculaires, des douleurs aux articulations, une augmentation de la fatigue, une perte d'appétit, des bouffées de chaleur, une sudation accrue, une atrophie de la peau, une perte de vitalité de la chevelure et, parfois, une augmentation de volume des glandes mammaires.

Sur le plan du comportement, cela peut se traduire par un manque d'énergie et de joie de vivre, de l'irritabilité, un manque de concentration, de la dépression, de l'anxiété et des troubles du sommeil. Des troubles sexuels comme la dysfonction érectile et la diminution de la libido sont prépondérants, et ils sont souvent le principal motif de la consultation chez le médecin. Pour être certain que l'apparition d'un ou plusieurs de ces symptômes est due au manque de testostérone, une évaluation médicale (anamnèse et examen physique) et une prise de sang s'imposent.

Comment traiter les symptômes de l'hypogonadisme acquis ?

La thérapie de remplacement de la testostérone est tout indiquée pour soulager les symptômes de l'hypogonadisme. Ce traitement consiste à ramener le taux de testostérone à un niveau normal grâce à la prise régulière de cette hormone sous forme de capsules, de timbres cutanés, de gels cutanés ou d'injections. Le traitement commence habituellement à faire effet en quelques jours, sinon en quelques semaines. Le désir sexuel et l'énergie reprennent le dessus, le tonus musculaire et la densité osseuse augmentent, la concentration et le travail mental se font plus facilement, la peau et les cheveux épaississent et l'humeur est plus stable.

Le traitement hormonal de l'hypogonadisme est en général facile, sécuritaire et bien toléré. Il existe néanmoins des contre-indications absolues, comme le cancer de la prostate et le cancer du sein. Le remplacement hormonal a des avantages potentiels, mais son utilisation devrait être évaluée avec prudence par le médecin dans les cas suivants : insuffisance cardiaque grave, hypertension non maîtrisée, apnée du sommeil, élévation anormale du nombre de globules rouges et symptômes urinaires obstructifs graves, souvent causés par une hypertrophie bénigne de la prostate.

Une fois le traitement amorcé, le médecin fait un suivi clinique et sanguin après trois mois, puis après six mois et chaque année par la suite. Le médecin doit s'assurer que les symptômes diminuent et que le traitement ne cause pas d'effets secondaires. Les effets secondaires, souvent mineurs, peuvent dépendre du mode d'administration de la testostérone (acné, gêne à la miction, irritabilité, rétention liquidienne, apnée du sommeil, augmentation mammaire, élévation de la quantité de globules rouges et des enzymes du foie).

Quels sont les autres effets du vieillissement sur la sexualité masculine ?

Avec l'âge, les mécanismes vasculaires et neurologiques responsables de la réponse des organes génitaux à une stimulation sexuelle réagissent moins bien à l'excitation.

L'érection masculine est plus lente à se manifester, elle nécessite plus de stimulation physique et psychique, et elle est aussi moins ferme. La durée de l'érection est écourtée et plus facilement affectée par le stress et l'émotion. L'éjaculation est moins puissante, l'orgasme se traduit par des sensations physiques différentes (durée plus courte, moins de sperme), mais tout aussi satisfaisantes sur le plan psychologique. Après un orgasme, le pénis de l'homme âgé a aussi besoin d'une période beaucoup plus longue de récupération avant d'être de nouveau sensible aux stimuli sexuels.

Même si elle peut affecter des hommes de tous âges, la dysfonction érectile est plus fréquente chez les hommes de plus de 50 ans, qui la subissent souvent avec autant de détresse que les hommes plus jeunes.

En réduisant le bien-être, la mobilité, la motricité ou la sensibilité du corps, certaines maladies, certains traitements même, ainsi que de mauvaises habitudes de vie peuvent être à la source d'une problématique sexuelle. Respecter son traitement, s'alimenter sainement, faire de l'exercice, passer de bonnes nuits de sommeil, cesser de fumer et limiter sa consommation d'alcool ne peuvent qu'aider l'organisme à bien vieillir.

Quelles conséquences le refus de vieillir peut-il avoir chez l'homme et chez la femme?

Le refus de vieillir et le fait de nourrir des attentes démesurées par rapport à ses capacités sexuelles peuvent entraîner de la colère, de l'anxiété et une perte d'estime de soi. La question de l'image corporelle est souvent impliquée dans ce refus de vieillir. Voir son corps perdre les atouts de sa jeunesse peut être vécu difficilement. De tels sentiments peuvent mener jusqu'à la dépression. Une sexothérapie, une psychothérapie ou même une rencontre avec un médecin peuvent aider à voir plus clair et à mieux comprendre le rôle et le lien de ces émotions négatives sur la sexualité.

Mieux vaut accueillir l'avancement en âge comme une occasion de vivre sa sexualité autrement, de savourer davantage ce qui est toujours à sa portée et de s'ouvrir à des dimensions encore inexplorées.

Le médecin a un rôle prépondérant à jouer auprès de l'homme et de la femme qui désirent en savoir davantage sur les effets du vieillissement sur la sexualité, se faire rassurer et trouver des solutions. Parfois, les médicaments provoquent des effets secondaires nuisibles à la fonction sexuelle. Dans la mesure du possible, le médecin pourra apporter des correctifs (ou adresser son ou sa patiente à un sexologue).

Il est important de mettre la gêne de côté et d'en parler ouvertement avec son médecin, car un dysfonctionnement sexuel peut cacher certaines maladies comme le diabète, la maladie cardiovasculaire et la dépression.

Les troubles sexuels

Pour avoir une vie sexuelle saine et satisfaisante, il faut que les composantes psychologiques et physiques soient en état de s'activer. Bien que notre corps soit régi par une fascinante mécanique, nous ne sommes pas à l'abri de petites pannes !

Au cours d'une vie, il est tout à fait normal que l'intensité du désir varie et qu'il arrive à l'occasion que nos ébats sexuels ne mettent pas en marche tous les mécanismes qui sont censés être impliqués (désir, excitation, orgasme). C'est que la composante psychologique essentielle à chacune de ces phases est bien fragile. Si la situation n'est pas répétitive et qu'elle s'explique par des facteurs inoffensifs, il n'y a pas lieu de s'inquiéter. Par contre si elle persiste, elle peut être le signe d'un trouble sexuel.

Quel est le problème sexuel le plus fréquent chez les adultes ?

Les troubles du désir constituent à eux seuls 40 % des problèmes sexuels rencontrés chez les adultes. En Amérique du Nord, 20 % de la population en souffre. Auparavant l'apanage de la sexualité féminine, les troubles du désir sont de plus en plus fréquents chez les hommes.

La plupart de ces problèmes sont causés par des facteurs psychologiques. Cependant, avant de leur accorder trop d'importance, il importe d'éliminer les autres causes possibles : certains médicaments, une mauvaise hygiène de vie, certaines maladies (obésité, diabète, problèmes hormonaux, dépression) et certains états (ménopause, andropause) sont au nombre des facteurs qui peuvent faire chuter le désir sexuel. Ces dimensions étant interreliées, les troubles du désir peuvent être provoqués par d'autres dysfonctionnements sexuels (notamment ceux qui causent de la douleur physique) ou, à l'inverse, ils peuvent en engendrer.

Comment se définit un trouble du désir?

Les troubles du désir – ou désir sexuel hypoactif – se définissent par une diminution ou une absence de pensées érotiques (fantasmes) et de désir d'activités sexuelles, qui s'accompagnent d'une souffrance et de difficultés interpersonnelles.

La majorité des gens qui sont touchés par ce trouble souffrent d'une baisse légère ou modérée du désir sexuel et, dans une moindre mesure, d'une absence complète de désir. Les cas d'aversion extrême (dégoût, phobie) sont plus rares.

Quelles sont les origines psychologiques d'un trouble du désir sexuel?

En ce qui concerne l'aversion, ses origines les plus évidentes peuvent être une histoire d'abus sexuel, une conception répressive de la sexualité (souvent due à l'éducation : messages religieux et parentaux antisexuels, par exemple) ou des troubles psychologiques sous-jacents (phobie, trouble panique, stress post-traumatique, trouble de la personnalité, problèmes relationnels, etc.).

Ces facteurs peuvent aussi expliquer l'absence ou la baisse de désir. Cependant, les principaux motifs qui engendrent le manque de désir sont en général liés, chez la femme comme chez l'homme, à l'estime de soi, à son rapport à la sexualité, à la relation de couple ainsi qu'aux situations de la vie quotidienne qui sont susceptibles de générer un stress (le travail, la famille, la santé, les problèmes matériels et financiers).

Chez la femme, qui souffre plus souvent d'un trouble du désir que l'homme, les principaux facteurs consciemment évoqués sont la peur de décevoir ou d'être abandonnée par son partenaire sur le plan sexuel, le manque ou l'absence de communication émotionnelle et sexuelle, et le manque ou l'absence de plaisir et de satisfaction sexuelle. Viennent ensuite l'héritage d'une éducation répressive vis-à-vis de la sexualité, les sentiments de culpabilité et de honte, le manque de fantaisie, les conflits avec le conjoint, le stress et l'anxiété, les changements destyle de vie ou de personnalité après l'arrivée d'en-fants, l'anxiété de la performance, les traces négatives laissées par des expériences sexuelles antérieures, la fatigue, la dépression, le manque d'attrait pour le partenaire, les soucis financiers et les problèmes gynécologiques.

Tous les facteurs sociaux et relationnels peuvent se transposer au masculin. Sur le plan proprement sexuel, le désir féminin est principalement affecté par les douleurs lors des relations sexuelles (dyspareunie), le manque d'intérêt pour la sexualité, l'incapacité à atteindre l'orgasme et les difficultés à lubrifier (trouble de l'excitation).

Chez l'homme, par contre, l'anxiété relative à la performance sexuelle est plus présente. Elle peut être amplifiée par des problèmes sexuels survenus antérieurement, tels que des difficultés érectiles ou l'éjaculation précoce. Le stress au travail, les responsabilités et les inquiétudes familiales, le manque de valorisation de la part de la partenaire, le sentiment de ne pas être sexuellement sur la même longueur d'onde qu'elle et la crainte de l'intimité sont aussi des problématiques fréquemment rencontrées.

Cela peut paraître surprenant, mais l'étiolement du désir entre conjoints ne provient pas uniquement, sur le plan relationnel, des conflits mal gérés. La fusion qui s'installe entre deux personnes sur une longue période peut être une réelle menace à la survie du désir. Parce que proximité ne rime pas avec intimité, le fait d'être trop souvent ensemble risque tôt ou tard de tuer le mystère, si précieux au désir. Cultiver sa propre vie et garder une certaine distance entre son conjoint et soi ne peut qu'enrichir cette intimité, qui relève plus de l'échange que de la fusion.

Quelles sont les principales causes organiques d'un trouble du désir ?

Les maladies, les traumatismes ou les désordres qui affectent les fonctions cardiovasculaires, neurologiques (système nerveux incluant le cerveau) et hormonales risquent de nuire à la réception, à l'intégration et à l'émission des messages sexuels dans le corps. La dépression est aussi considérée comme une maladie organique puisqu'elle implique un déséquilibre chimique (des neurotransmetteurs) dans le cerveau. Ces maladies peuvent être directement en cause dans la baisse du désir, comme elles peuvent agir indirectement, en altérant les deux autres phases de l'acte sexuel (l'excitation et l'orgasme). Les limitations physiques ainsi engendrées peuvent suffire à éteindre le désir sexuel chez celui ou celle qui en souffre.

Certaines chirurgies (ablation des testicules ou des ovaires, des glandes surrénales et de l'hypophyse), de même que certains traitements médicaux, dont la chimiothérapie, peuvent affecter le désir. Plusieurs classes de médicaments peuvent aussi bloquer le désir sexuel : les antihypertenseurs, les antipsychotiques, les antidépresseurs, les narcotiques, certaines hormones et certains médicaments ayant un effet antihormonal. À cette liste s'ajoutent d'autres substances comme l'alcool consommé en trop grande quantité, les hallucinogènes (LSD et cannabis), les amphétamines et la cocaïne.

Quelles sont les différentes approches en sexo-thérapie?

Si le trouble du désir est bel et bien attribuable à des facteurs psychologiques, on recommande une sexo-thérapie ou une psychothérapie. La sexothérapie se révèle un outil essentiel pour traiter un grand nombre de troubles sexuels, dont ceux qui impliquent un trouble du désir. Elle est utile autant à l'homme qu'à la femme, quels que soient leur orientation sexuelle, leur groupe d'âge, leur culture ou leur religion.

La sexothérapie comporte plusieurs approches: la sexoanalyse, qui demande au patient une bonne capa-cité d'introspection; l'approche cognitivo-comporte-mentale, qui se déroule sur le court terme et qui est axée sur des comportements et des raisonnements cons-cients; l'approche cognitivo-comportementale-affective, qui s'attarde aux causes profondes de nos comporte-ments répétitifs (schémas ou «patterns» de vie); l'approche humaniste, qui se concentre sur la vie émo-tionnelle dans le ici et maintenant; et l'approche sexo-corporelle, qui focalise sur le fonctionnement corporel et physique ainsi que sur les modes d'érotisation.

Chacune de ces approches est en mesure de traiter différents problèmes d'ordre sexuel. Cependant, comme ces troubles résultent souvent de divers facteurs, la plupart des sexologues cliniciens préfèrent combiner plusieurs approches. Ainsi adaptée à la personnalité et aux besoins du patient, la thérapie voit augmenter ses chances d'efficacité. Une psychothérapie peut être nécessaire si des problèmes psychologiques d'une autre nature accompagnent le trouble.

Quelles sont les conditions qui maximisent les chances de réussite d'une thérapie?

Le fait de vouloir changer est la première condition de la réussite d'une thérapie. Avoir une motivation particulière pour apporter ce changement dans sa vie et dans son couple est inhérent à cette volonté. On doit être capable de concevoir le bienfait réel que rapportera cet effort. La relation de confiance qui s'établit avec le thérapeute est primordiale; sans cette confiance qui permet l'ouverture, la thérapie ne risque pas d'aller très loin. C'est pour cela qu'il ne faut pas hésiter à « magasiner son thérapeute » (par téléphone ou en personne) jusqu'à rencontrer une personne avec qui on sent que « ça clique ». Et il faut toujours vérifier si le ou la thérapeute est membre en règle d'une association professionnelle...

Il est bon aussi de se demander dès le départ de quelle façon on veut s'impliquer dans cette démarche. En décidant d'être totalement honnête envers soi-même et d'éviter la censure, les chances de réussite sont plus grandes. Il est essentiel d'être prêt ou prête à bâtir un pont entre la thérapie et le quotidien en modifiant ses pensées et ses comportements entre les séances.

La participation du (de la) conjoint(e) peut être bénéfique si ce (cette) dernier(ère) a à cœur de s'impliquer. Sinon, cette participation risque de devenir plus un obstacle qu'un atout.

Que faire lorsque l'intensité du désir n'est pas la même pour chacun des partenaires?

Chaque individu est différent et cette vérité s'applique aussi en matière de sexualité. Ainsi, il est possible qu'au sein d'un couple le désir sexuel ne soit pas d'égale intensité d'un partenaire à l'autre. La baisse de passion et l'habitude, qui s'installent souvent au sein d'une relation stable, peuvent souligner ce décalage.

Dans le cas où la relation affective a toujours lieu de se poursuivre, quelques conseils peuvent aider à tempérer la situation. D'abord, il faut éviter d'y voir un drame et de se considérer ou de considérer l'autre comme étant anormal ou coupable. La culpabilité n'est jamais une alliée de l'épanouissement sexuel.

Si le (la) partenaire qui a moins de désir sexuel éprouve souvent un grand sentiment de culpabilité, le (la) partenaire qui a plus de désir peut voir d'un mauvais œil qu'on lui demande de réfréner ses élans. Le couple aurait avantage à se parler ouvertement, sans accusations, de ses insatisfactions. Voici un exemple d'exercice que le couple pourrait essayer de faire : on peut montrer à son ou sa partenaire quelles sont les meilleures façons de se préparer l'un l'autre aux ébats sexuels sans hésiter à y introduire la masturbation (par l'autre, de l'autre, de soi devant l'autre, de l'autre devant soi). Et il faut être ouvert aux compromis : on peut ainsi s'inviter chacun à son tour à expérimenter selon le rythme de l'autre et selon une intensité qui se situerait entre les deux.

LES TROUBLES SEXUELS CHEZ L'HOMME

Qu'est-ce que la dysfonction érectile?

La dysfonction érectile est l'un des troubles sexuels les plus fréquents chez l'homme. Plus de 100 millions d'hommes en souffrent dans le monde. Au Canada, on estime sa prévalence à entre deux et trois millions, et 30 % à 40 % de ces hommes souffrent d'un dysfonctionnement modéré ou complet. Même si ce problème est plus répandu chez les hommes de plus de 50 ans, il peut survenir à n'importe quel moment de l'âge adulte. La dysfonction érectile se caractérise par une incapacité ou une difficulté répétée à obtenir ou à maintenir une érection suffisante pour avoir des relations sexuelles satisfaisantes.

La présentation de la dysfonction érectile peut varier d'un individu à l'autre et peut être de légère à importante. Tantôt il y a une érection, mais celle-ci n'est pas assez ferme pour permettre la pénétration, tantôt il y a une incapacité à maintenir une érection à la suite de la pénétration, ce qui peut empêcher l'homme d'obtenir un orgasme satisfaisant.

Cette difficulté entre généralement dans la catégorie des troubles de l'excitation, mais elle peut aussi accompagner les troubles du désir sexuel. Un trouble de l'excitation n'est pas toujours la conséquence d'une stimulation sexuelle inappropriée (que ce soit en durée ou en intensité) ; il s'agit plutôt d'un trouble de nature organique ou dysfonctionnelle (psychologique) qui empêche l'homme ou ne lui permet pas d'être pleinement excité.

La dysfonction érectile est maintenant considérée comme un problème médical important. Sa présence peut cacher d'autres problèmes de santé, parfois majeurs, et son dépistage contribue à faire de la prévention et à améliorer le diagnostic de diverses pathologies.

Quelles sont les causes possibles de la dysfonction érectile ?

Maladies

Si l'on croyait autrefois que la dysfonction érectile était principalement due à des causes psychologiques, on sait aujourd'hui que des problèmes vasculaires, dont l'athérosclérose, en seraient responsables dans plus de 50 % des cas. Le pénis est principalement constitué de deux corps caverneux, sortes d'éponges remplies de petits vaisseaux sanguins. L'état actuel des connaissances montre que la dysfonction érectile serait un marqueur précoce de maladies vasculaires et coronariennes (angine de poitrine, infarctus, mort subite). Son apparition précéderait de trois à cinq ans la survenue de ces pathologies, d'où l'importance de consulter un médecin pour qu'il pose un diagnostic précis et de traiter les facteurs de risque de la maladie cardio-vasculaire, c'est-à-dire le tabagisme, l'hypercholestéro-lémie, l'hypertension artérielle et le diabète. Cinquante pour cent des hommes qui ont une maladie cardiaque souffrent parallèlement de dysfonction érectile.

Le diabète, une problématique de santé en croissance rapide, est aussi fortement lié à la dysfonction érectile. Le diabète touche aussi les vaisseaux sanguins et affecte les petits nerfs essentiels au mécanisme de l'érection. Des études ont montré qu'en améliorant la maîtrise de son diabète on améliore aussi ses fonctions sexuelle et érectile. Les efforts sont ainsi récompensés !

Les hommes qui souffrent de dysfonction érectile doivent donc être soumis à une analyse sanguine pour mesurer leur taux de cholestérol et de glucose (sucre). Parfois, le médecin peut aussi prescrire des tests pour connaître l'état cardiovasculaire du patient, tels qu'une épreuve d'effort (sur tapis roulant) ou un doppler artériel à la recherche d'un blocage des artères.

D'autres maladies peuvent causer la dysfonction érectile, dont l'hypertrophie bénigne de la prostate, les maladies neurologiques (sclérose en plaques, maladie de Parkinson, épilepsie, maladie d'Alzheimer), la cirrhose hépatique et l'insuffisance rénale chronique.

Des facteurs locaux, comme la maladie de La Peyronie (plaque dure qui entraîne une courbure du pénis) ou une malformation congénitale, peuvent aussi être responsables de la dysfonction érectile.

La dépression et d'autres formes de maladies affectives y sont aussi fortement associées. C'est souvent le cas lorsqu'un jeune homme en souffre, surtout en l'absence de facteurs de risque de maladies vasculaires. La dépression peut engendrer la dysfonction érectile et la dysfonction érectile peut engendrer la dépression, affectant l'homme dans son essence et sa virilité. Il n'est pas toujours facile de déterminer quel est le problème qui survient en premier. Le traitement de la dysfonction érectile soulage souvent, en partie, la dépression, mais un traitement médical et psychologique de la dépression s'impose.

Médicaments et drogues

Certains médicaments peuvent aussi produire des effets contraires au bon fonctionnement érectile. Ces effets indésirables se produisent par différents mécanismes, dont des changements neurologiques vasculaires ou hormonaux.

Principaux types de médicaments et de drogues causant la dysfonction érectile

- Drogues : alcool, marijuana, nicotine, cocaïne, héroïne, méthadone, morphine
- Antihypertenseurs : bêtabloquants, diurétiques
- Antidépresseurs : inhibiteurs du recaptage de la sérotonine, tricycliques
- Antipsychotiques
- Médicaments cardiovasculaires : bêtabloquants, hypolipémiants,
- Autres : chimiothérapie, médicaments pour le cancer de la prostate

Lorsqu'il est au courant de la problématique que vit le patient, le médecin peut apporter des correctifs à la dose ou la classe du médicament pour améliorer ou corriger la situation.

Traitements et chirurgies

La résection complète de la prostate par voie abdominale entraîne assez souvent une sérieuse dysfonction érectile. Une chirurgie minutieuse qui épargne le nerf principal de l'érection permettra de retrouver plus facilement une capacité érectile. Toutes les chirurgies effectuées dans le petit bassin sont susceptibles de causer une dysfonction érectile : cancer du côlon, maladies inflammatoires comme la colite ulcéreuse et la maladie de Crohn, pontage vasculaire par sténose ou anévrisme de l'aorte abdominale.

Habitudes de vie

Une saine alimentation alliée à la pratique régulière d'une activité physique peut grandement réduire les risques de diabète (ou en améliorer la maîtrise) et de maladies cardiovasculaires. Consommer de l'alcool avec modération, arrêter de fumer et se tenir loin des drogues pourrait aussi sauver la capacité érectile. Une trop grande consommation régulière d'alcool peut engendrer des problèmes de santé en affectant les systèmes vasculaire et nerveux, le taux d'hormones et parfois le foie, comme dans le cas de la cirrhose hépatique. Un abus d'alcool endort les sens et peut nuire à l'effet de certains médicaments utiles au traitement de la dysfonction érectile.

L'influence que peuvent avoir sur l'humeur l'alcool, la nicotine et les drogues est aussi à prendre en considération comme facteur de dysfonction érectile. Quant à l'ensemble des composantes chimiques de la cigarette, leur effet néfaste porte non seulement atteinte à l'érection, mais aussi à la libido et à la fertilité. Le processus de formation des spermatozoïdes s'en trouve notamment modifié. Ces dangers tendraient à disparaître en cessant de fumer. Plusieurs études ont montré des liens étroits entre le tabagisme et la dysfonction érectile.

Quels sont les facteurs psychologiques pouvant mener à la dysfonction érectile?

On appelait autrefois la dysfonction érectile «impuissance». Ce terme, moins utilisé aujourd'hui, en dit long sur la sévérité du jugement que l'on pouvait porter sur celui qui en était accablé. Nos perceptions n'ont pas beaucoup changé à cet égard, même si nous sommes plus instruits en matière de psychologie et relativement plus ouverts. Les images qui forment notre identité sexuelle sont profondément ancrées en nous et ce qui en dévie peut créer de profonds malaises et parfois même des remises en question.

En général, dans la tête de l'homme, comme dans celle de la femme, «pénis» et «puissance» ne font qu'un. Un homme qui ne peut avoir d'érections dignes de ce nom risque fort de se sentir blessé dans sa virilité... Le malaise n'épargnera pas non plus la partenaire, qui est susceptible de douter de son propre attrait sexuel ou de ses «compétences» au lit. C'est ainsi que le malentendu éclate dans le couple et que chacun se referme sur lui-même.

Mise à part l'anxiété de performance, les conflits arrivent en tête de liste des facteurs psychologiques qui mènent au trouble érectile. Ces conflits proviennent le plus souvent de problèmes de communication, d'émotions négatives persistantes (manque d'estime de soi, frustration, pression de la partenaire, mésentente) ou de la discordance entre les fantaisies érotiques des partenaires (par exemple, l'un est romantique alors que l'autre est allumé par des stimuli plus primaires). L'anxiété de performance peut facilement se transformer en cercle vicieux et aggraver à son tour les difficultés érectiles. L'homme a alors l'impression de perdre le contrôle sur sa vie sexuelle et ce sentiment peut éteindre son intérêt pour la sexualité. Une dépression, la persistance de tabous, un manque de connaissances vis-à-vis de la sexualité ou une homosexualité refoulée sont d'autres facteurs possibles.

D'autres événements sont susceptibles de perturber les capacités érectiles de l'homme. Le fait de prendre sa retraite, par exemple, change son statut social et sa façon de se définir en tant qu'homme («Si je ne travaille plus, qui suis-je?»). Un divorce ou une séparation peuvent faire naître des sentiments de colère, d'humiliation ou de rejet en plus d'augmenter les risques de dépression. Certains peuvent aussi être tentés de noyer leur malheur dans la consommation excessive d'alcool. Les relations extraconjugales sont une autre source de dysfonction érectile. La culpabilité que vient à ressentir l'homme face à sa conjointe est suffisante pour qu'il développe un trouble de l'érection comme forme de « punition » inconsciente.

Comme c'est le cas pour les troubles du désir sexuel, l'ensemble des événements potentiellement stressants ou simplement fatigants est aussi à prendre en considération. La vie familiale et le travail en sont des sources majeures. Lorsque nous sommes soumis à trop de stress ou de fatigue, notre corps perçoit ces signaux comme une menace et se met en mode de survie. Et comme nos fonctions de survie et nos fonctions sexuelles partagent les mêmes mécanismes au niveau du système nerveux, elles ne peuvent pas entrer en action en même temps. La priorité va évidemment aux fonctions de survie et c'est ainsi que notre sexualité se trouve remisée au second plan.

Comment traite-t-on la dysfonction érectile ?

Le meilleur moyen de prévenir la dysfonction érectile est d'adopter de saines habitudes de vie, d'apprendre à maîtriser son stress et de prendre soin de son bien-être mental et affectif. Bien entendu, ces mesures font aussi partie de son traitement.

Lorsque ces mesures ne sont pas efficaces, une évaluation sexologique, psychologique et médicale s'impose pour comprendre l'étiologie de la dysfonction érectile et amorcer un traitement.

Dans certains cas, avant de prescrire un traitement, le médecin évaluera si son patient peut reprendre ou poursuivre des activités sexuelles. Comme la dysfonction érectile a les mêmes facteurs de risque que la maladie cardiaque, une évaluation cardiovasculaire peut s'imposer.

Des maladies comme un infarctus récent (depuis moins de deux semaines), une angine de poitrine et une hypertension grave et non maîtrisée peuvent être des contre-indications à la reprise des activités sexuelles. Il faut donc d'abord traiter et stabiliser ces problèmes.

Les traitements de la dysfonction érectile comprennent la thérapie sexuelle et psychologique, des traitements médicaux et, plus rarement, des traitements chirurgicaux. Dans la majorité des cas, une combinaison de ces traitements se traduit par un succès thérapeutique et l'homme peut retrouver une vie sexuelle satisfaisante.

Quel type de sexothérapie privilégier en cas de dysfonction érectile ?

Une thérapie de courte durée peut être associée à une thérapie plus longue si des motifs plus profonds sont en jeu, ce qui est généralement le cas. Voici un exemple de ce qui pourrait être fait dans un cadre thérapeutique de courte durée, à savoir des exercices sensoriels à faire en couple à la maison. Ces exercices permettent à l'homme d'apprivoiser les étapes de l'acte sexuel :

d'abord la caresse corporelle (excluant les organes génitaux), ensuite la caresse génitale (sans orgasme, avec orgasme), puis les activités avec pénétration. Ces exercices peuvent aussi être adaptés pour être pratiqués en solitaire. L'objectif est de déprogrammer les pensées qui bloquent le déroulement normal de l'érection et de diminuer l'anxiété. Par contre, si on privilégie une approche de courte durée par rapport à une approche de plus longue durée, il est possible que la personne se retrouve avec la même problématique puisque cette thérapie n'aura pas su traiter les causes plus profondes. L'évaluation d'un sexologue permet de mettre en lumière les différentes causes et de proposer une thérapie sur mesure en fonction des différents facteurs affectés dans la vie de l'homme.

Quel est le traitement médical de la dysfonction érectile ?

Le traitement médical peut prendre différentes formes et il doit être individualisé pour répondre aux attentes de l'homme et de sa partenaire : médicaments, remplacement hormonal, dispositif de pompe, auto-injection pénienne et approche chirurgicale. Les médicaments en comprimés les plus souvent prescrits pour le dysfonctionnement érectile sont le sildénafil (Viagra®), le vardénafil (Levitra®) et le tadalafil (Cialis®). Ces agents ont révolutionné le traitement des problèmes sexuels de l'homme. Contrairement à une fausse croyance, ces médicaments ne sont pas des aphrodisiaques, mais plutôt des facilitateurs. Ainsi, pour que ces médicaments fonctionnent, l'homme doit éprouver du désir sexuel pour son ou sa partenaire et ne pas avoir un niveau d'anxiété trop élevé. Ces médicaments agissent en maintenant la dilatation des vaisseaux sanguins du pénis (en bloquant la dégradation d'une substance chimique essentielle à ce processus).

Bien qu'ils agissent de la même façon, certaines caractéristiques les distinguent. Un très grand nombre d'études ont montré leur efficacité dans le traitement de la dysfonction érectile. Dans certaines maladies, comme la dépression, ils ont été associés à un taux plus élevé de réussite (75 %) et dans d'autres, comme l'état suivant une chirurgie pour le cancer de la prostate, à un taux moindre (45 %).

Le Viagra® a été le premier à apparaître sur le marché et il a été de loin le plus étudié. Le Levitra® a sensiblement les mêmes caractéristiques que le Viagra® et il atteindrait sa concentration maximale très légèrement plus rapidement que le Viagra®. On doit prendre le Viagra® et le Levitra® entre 30 minutes et 4 heures avant une activité sexuelle. Le Cialis®, par contre, a un profil pharmacologique différent. Il atteint sa concentration maximale en 2 heures, mais sa période d'efficacité peut durer entre 1 heure et 36 heures après qu'on l'a pris, ce qui permet au couple qui l'utilise une plus grande spontanéité.

Ces médicaments facilitent l'érection, mais une stimulation sexuelle adéquate doit quand même avoir lieu pour la provoquer. Idéalement, ils ne doivent pas être pris immédiatement après un repas riche en matières grasses, car celles-ci peuvent retarder leur effet et même diminuer leur efficacité. Le Cialis serait un peu moins sensible à cet égard. Plusieurs doses sont proposées, mais comme la dose maximale (Viagra® 100 mg, Levitra® 20 mg, Cialis® 20 mg) est associée à un taux plus élevé de succès, elle est plus populaire.

Il est également important que l'homme fasse plusieurs essais. L'anxiété de retrouver une vie sexuelle plus épanouie peut entraîner des échecs. Il faut en général quatre à huit tentatives avant de conclure à un insuccès. En cas d'insuccès, on suggère de consulter de nouveau le médecin qui a rédigé l'ordonnance afin de trouver une autre solution. Il peut être utile de faire l'essai d'un autre médicament.

Cette classe pharmacologique peut entraîner certains effets secondaires qui sont en général passagers et bénins, tels qu'une céphalée, une rougeur du visage, de la congestion nasale et parfois un inconfort gastrique. Ces médicaments ne peuvent pas être prescrits dans le cas de certains problèmes médicaux et leur prise est contre-indiquée en concomitance avec certains médicaments : le plus important est de retenir qu'il ne faut pas les prendre en même temps que la nitroglycérine ou les nitrates, qui sont utilisés pour soulager les crises d'angine de poitrine et la maladie cardiaque. Il faut attendre au moins 24 heures après la prise du Viagra® ou du Levitra® pour pouvoir prendre de la nitroglycérine ou des nitrates. Dans le cas du

Cialis®, il faut attendre 48 heures. Sinon, une chute de pression grave ou même mortelle pourrait en résulter.

Ces médicaments demeurent un excellent choix pour la majorité des patients, à condition, bien sûr, de respecter les recommandations du médecin. Heureusement pour les hommes qui ne peuvent pas les utiliser, il existe des solutions de rechange.

Quelles sont les solutions de rechange aux médicaments en cas de dysfonction érectile?

Un médecin (souvent un médecin spécialisé en médecine sexuelle ou un urologue) peut enseigner au couple (ou à l'homme seul) la technique des auto-injections. L'homme doit s'injecter sur le côté du pénis un médicament, l'alprostadil, ou un mélange de papavérine, de phentolamine et d'alprostadil. En moins de 15 minutes, cette injection provoque un afflux sanguin important au pénis, même en l'absence de stimulation sexuelle. Son effet dure en général entre 30 et 60 minutes. Son efficacité est particulièrement élevée (environ 80 %) et permet à certains hommes qui souffrent d'une dysfonction érectile récalcitrante (secondaire au diabète, notamment) de retrouver une érection plus satisfaisante. Un ajustement de la dose par le médecin est néanmoins nécessaire, sans quoi une complication appelée priapisme (érection prolongée pendant plus de quatre heures) peut survenir. Cette complication, rare, peut entraîner des conséquences irréversibles, aussi faut-il consulter rapidement un médecin (dans les quatre à cinq heures suivant le début de l'érection). L'alprostadil peut aussi s'administrer à l'aide d'un minuscule suppositoire que l'on insère dans l'urètre de l'homme.

L'érection assistée grâce à un système d'aspiration à vide peut être une autre solution de rechange. La pompe à vide s'utilise de pair avec un anneau de constriction. Dans un premier temps, la pompe, qui a la forme d'un tube, doit recouvrir le pénis. En pompant l'air du tube, le vide qui se crée attire le sang dans le pénis. On retire le tube et on place l'anneau de constriction à la base du pénis pour maintenir l'érection. L'anneau ne doit pas rester en place plus de 30 minutes sous peine d'endommager de manière irréversible les fragiles tissus du pénis. Il existe des appareils professionnels, que l'on peut obtenir auprès d'un sexologue ou d'un médecin, et des appareils bon marché que l'on achète dans les sex-shops. Ces derniers n'ont pas un indice de réussite aussi élevé que les premiers et peuvent endommager le pénis s'ils sont mal utilisés. Il est certain qu'une consultation chez un médecin favorisera un succès thérapeutique plus élevé.

En dernier recours, ou dans des situations médicales particulières, des interventions plus invasives peuvent être envisagées. Une angioplastie (méthode de dilatation à l'aide de petits ballons que l'on insère dans les artères) ou une chirurgie peuvent être effectuées pour corriger une cause d'ordre vasculaire, traumatique ou congénitale. Ces interventions doivent être pratiquées dans des centres ultraspécialisés. Dans certains cas, une prothèse semi-rigide, malléable ou gonflable, peut être installée. Ces techniques sont, bien entendu, irréversibles.

Le pronostic s'avère des plus favorables lorsque, parallèlement à la médication, le patient est suivi par un ou une sexothérapeute.

Qu'est-ce que l'éjaculation précoce ?

L'éjaculation précoce (ou rapide) est le problème sexuel le plus préoccupant pour une majorité d'hommes. Un homme sur trois en serait atteint à un moment ou à un autre de sa vie. Ce problème tend à être un peu plus fréquent chez les plus jeunes.

Les rapports sexuels d'un couple canadien durent de quatre à sept minutes en moyenne. En dehors de cette donnée, c'est la satisfaction sexuelle des partenaires qui détermine s'il y a ou non présence d'un trouble. Ainsi, l'éjaculation est dite précoce lorsqu'elle survient avant que l'un ou l'autre des partenaires ne le désire. L'éjaculation réflexe est normale ; c'est de l'incapacité à la contrôler qu'émane le problème. L'éjaculateur précoce a du mal à retenir son éjaculation avant une dizaine de mouvements de va-et-vient ou même avant une pénétration. En fait, il est incapable de ressentir le seuil d'inévitabilité éjaculatoire (point de non-retour). Comme pour d'autres difficultés, il faut qu'elle survienne à répétition et non en épisode isolé.

Même si, bien sûr, l'homme peut faire jouir sa partenaire autrement que par la pénétration, l'éjaculation trop rapide peut avoir un effet négatif sur la relation et faire naître gêne et frustration chez les deux partenaires. L'homme se sent généralement blessé dans son orgueil et impuissant face à sa sexualité. Sa partenaire peut de son côté avoir l'impression qu'il ne se préoccupe pas d'elle ou qu'elle ne l'attire pas suffisamment. Comme c'est le cas pour la dysfonction érectile, ce type de trouble est souvent perçu comme un accroc à la virilité masculine.

Quelles sont les causes de l'éjaculation précoce?

La cause exacte de l'éjaculation précoce demeure inconnue. Toutefois, puisqu'un traitement permet de la guérir, il est logique de penser que l'aspect psychologique y joue un rôle essentiel. L'anxiété de performance et, subséquemment, le manque d'écoute vis-à-vis de son corps, des difficultés sur le plan relationnel, telles que la difficulté à s'affirmer face à sa partenaire, par exemple, peuvent perturber l'éjaculation. De plus, il faut observer le rythme de vie de l'homme. S'il a un rythme de vie stressant – s'il ne prend pas le temps de manger, de se détendre, d'accomplir ses tâches une à la fois sans s'angoisser –, sa sexualité pourrait en être le reflet. Des peurs inconscientes, comme la peur de la castration, la peur de blesser la partenaire ou la peur d'être envahi par elle, sont d'autres déclencheurs psychologiques possibles.

Comment traite-t-on l'éjaculation précoce ?

Aussi répandue que soit l'éjaculation précoce, la proportion d'hommes qui se fait traiter est bien minime (entre 1 % et 12 %). Malaise ou ignorance ? Il y a pourtant des solutions.

Sur le plan relationnel, la communication entre les partenaires est primordiale. L'homme doit parvenir à réduire son niveau d'anxiété et à exprimer ce qui le dérange ou le perturbe ou l'insatisfait. Pour ce faire, la compréhension et la collaboration de la partenaire sont nécessaires. D'abord, l'homme devrait savoir que son corps n'est pas qu'une bête difficile à brider, mais qu'il peut aussi être un allié. Il doit apprendre quelles sont les caresses agréables pour lui et pour sa partenaire, en mettant l'accent sur ce qu'il ressent.

Que l'homme soit célibataire ou qu'il vive en couple, la sexothérapie lui sera profitable. Dans les deux cas, le thérapeute prescrira des exercices à faire à la maison et probablement une série de rencontres pour une exploration plus en profondeur de son problème. Le rapport à l'autre et l'expression de soi comme individu et comme être sexué sont des thèmes qui doivent absolument être explorés dans une sexothérapie. Les hommes sans partenaire régulière nécessiteront davantage de renforcement de l'estime de soi. En thérapie de couple, la participation de la conjointe est souhaitable, non seulement pour soutenir l'homme, mais aussi pour son bien-être à elle : le thérapeute est là pour aider la femme à clarifier ses sentiments et pour désamorcer des souffrances et des tensions qui peuvent être

évitées. Ces éléments valent également pour la sexothérapie s'adressant aux hommes qui souffrent de
dysfonction érectile.

Le traitement a deux objectifs pratiques. Première-
ment, apprendre à l'homme à être à l'écoute de ses
sensations avant l'orgasme et, deuxièmement, lui
donner des outils pour lui permettre d'avoir un meilleur
contrôle sur la phase de l'excitation et le moment de
l'éjaculation. Il est possible que, dans une première
étape du traitement, le thérapeute recommande de
s'abstenir de relations sexuelles. Par la suite, deux
techniques, appliquées seules ou en association, peuvent être mises en pratique par le couple : la technique
de pression et la technique de pause (*stop and go*).

La technique de pression exige que la partenaire
exerce une pression rapide sur le bout du pénis lorsque
l'homme est sur le point d'éjaculer. La pression ne doit
cependant pas être appliquée si l'éjaculation a com-
mencé. Cette technique est difficile à réussir, car la
femme, par crainte de blesser son amoureux, ne presse
généralement pas le pénis assez fort ; cette manœuvre
peut alors être ressentie comme une caresse et ainsi
précipiter l'éjaculation.

La technique de pause exige que l'homme et sa
partenaire cessent de bouger lorsque l'excitation
monte. Ainsi, l'homme en vient à mieux reconnaître
les signaux précurseurs de l'éjaculation (tels que l'accélération de la respiration et de la fréquence cardiaque). Il devrait tenter de se détendre et de se mettre
à l'écoute de ses sensations prééjaculatoires. La répé-

tition de cet exercice lui permettra d'apprendre à reconnaître les signaux impliqués dans l'éjaculation. Il pourra ainsi mieux se concentrer pour la maîtriser. La position de la femme par-dessus l'homme est la plus recommandée pour commencer puisqu'elle met moins de tension sur l'éjaculation de l'homme.

Un traitement médical de l'éjaculation précoce peut être entrepris, mais, sans sexothérapie, il y a beaucoup de risques qu'il soit moins efficace. Des produits cutanés anesthésiants, vendus en pharmacie, ont une efficacité modérée et devraient être utilisés avec un condom pour éviter un engourdissement de la muqueuse vaginale et un dysfonctionnement sexuel de la femme. L'utilisation de certains antidépresseurs, comme la clomipramine, la sertraline ou la paroxétine, permettrait de retarder l'éjaculation. On peut prendre ces médicaments de façon ponctuelle, de quatre à six heures avant la relation, ou en continu. Ce traitement peut être utilisé seul ou en association avec une autre agent facilitant l'érection : le sildénafil (Viagra®), le vardénafil (Levitra®) et le tadalafil (Cialis®).

Qu'est-ce que l'éjaculation retardée ?

L'éjaculation retardée touche environ 0,4 % des hommes et représente 3 % des dysfonctionnements sexuels qui les affligent. La prise d'antidépresseurs (principalement les ISRS) est l'une des premières causes organiques de ce problème. L'abus d'alcool est souvent responsable de difficultés éjaculatoires. Certains neuroleptiques ou hypotenseurs peuvent aussi avoir une influence sur le déclenchement de ce trouble, de même que les problèmes neurologiques (notamment la sclérose en plaques) et les chirurgies de la prostate ou de la vessie. Cependant, en dehors de la prise d'antidépresseurs ISRS et de l'abus d'alcool, la principale cause de l'éjaculation retardée est psychologique.

L'éjaculation retardée comprend divers degrés et peut aller jusqu'à l'anéjaculation, soit l'incapacité d'éjaculer malgré la présence de désir sexuel et d'une érection. Les cas varient entre celui qui est capable d'éjaculer après une longue pénétration, celui qui y parvient uniquement en se masturbant en solitaire ou celui qui y arrive en se masturbant ou en se faisant masturber par sa partenaire.

Comme pour l'éjaculation précoce, une sexothérapie devrait être entreprise. Il arrive souvent que l'éjaculation retardée soit liée à des problèmes de personnalité, tels qu'un manque d'affirmation, de la difficulté à lâcher prise ou à communiquer. Elle peut aussi apparaître à la suite d'un stress ou d'un choc affectif. Une thérapie est donc nécessaire pour éliminer ces blocages. Par exemple, si l'homme n'éjacule qu'en se masturbant d'une certaine façon, la thérapie pourra lui permettre d'élargir son « répertoire » sexuel. Il existe des facteurs psychologiques en rapport avec la dynamique de couple. En thérapie, le rapport à l'autre est travaillé afin d'éliminer les blocages et les craintes inconscientes.

Plusieurs hommes n'envisagent la sexothérapie que quand ils ont des problèmes de fertilité. Pourtant, l'éjaculation retardée n'est pas normale et elle risque tôt ou tard de se répercuter sur la sexualité du couple. Si ce n'est pas l'homme qui en est dérangé, ce sera la femme. Comme dans le cas de la dysfonction érectile, cette dernière peut se mettre à se poser des questions sur elle, notamment à douter de son attrait sexuel. La sexothérapie permettra au couple de mieux comprendre les mécanismes de l'éjaculation et l'amènera à se concentrer sur le plaisir de la relation sexuelle plutôt que sur la «performance éjaculatoire» de l'homme.

Les traitements médicaux de l'éjaculation retardée sont limités. Un changement de médicament ou une réduction du dosage, parfois jumelés à l'utilisation d'un médicament antidote comme la cyproheptadine, l'amantadine, le bupropion ou d'autres, peuvent apporter une amélioration.

Qu'est-ce que l'éjaculation rétrograde ?

L'éjaculation rétrograde se distingue d'une éjaculation normale par le fait que le sperme n'est pas expulsé à l'extérieur en passant par le méat urinaire, mais qu'il remonte vers la vessie. Ce «changement de cap» est dû au fait que le col de la vessie manque de force pour garder le sperme à l'intérieur de l'urètre prostatique. La présence de sperme dans l'urine confirme ce diagnostic. Il se peut qu'une petite quantité de sperme soit néanmoins expulsée. Cet état ne change rien à la qualité de la sensation orgasmique.

Ce trouble apparaît surtout chez les hommes qui ont subi une intervention à la prostate ou à la vessie. Des lésions aux muscles ou au système nerveux (dues au diabète, notamment) dans cette région peuvent aussi en être responsables. La prise de certains antidépresseurs et antihypertenseurs peut aussi être une cause (un changement de médicament devrait résoudre le problème).

Un homme qui souffre de ce problème et qui souhaite avoir un enfant peut faire recueillir ses spermatozoïdes dans son urine, dans le cadre d'une fécondation assistée.

Qu'est-ce que l'éjaculation baveuse?

Dans l'éjaculation baveuse, le sperme est expulsé en passant par le méat urinaire, mais sans puissance. L'éjaculation baveuse peut être occasionnelle, mais, le plus souvent, elle survient à répétition. Ce problème peut se rencontrer chez les diabétiques et avec d'autres problèmes de santé. Pour certaines personnes, elle peut engendrer des difficultés psychologiques qui finissent par affecter l'estime de soi. Une évaluation médicale et/ou psychologique permet souvent d'en apprécier la cause et les répercussions.

Quels sont les troubles sexuels douloureux chez l'homme?

Chez l'homme comme chez la femme, il arrive qu'une réaction douloureuse des parties les plus sensibles de l'anatomie empêche la sexualité d'être synonyme de plaisir. Bien que les hommes soient moins touchés par ce phénomène que les femmes, le problème n'est pas à négliger et sa persistance peut mener à l'arrêt de la vie sexuelle. Pourtant, il y a des solutions dont de nombreuses personnes pourraient bénéficier.

La dyspareunie (douleur qui se produit au niveau des organes génitaux) se produit le plus souvent pendant le coït, mais elle peut aussi se déclencher avant ou après la pénétration. Cette douleur, physique à la base, finit par atteindre le moral de la personne qui la ressent et par devenir une source potentielle de problèmes interrelationnels. Chez certains, elle peut créer une véritable détresse. Les douleurs aux organes génitaux constituent l'un des maux les plus difficiles à vivre pour un couple. Que l'origine du mal soit connue ou non, la dimension psychologique est importante. Un traitement en sexothérapie est souvent recommandé, parallèlement à un traitement physique. Il n'est pas rare qu'une histoire d'abus sexuel dans l'enfance ou dans l'adolescence soit en lien avec le développement de ce type de trouble. Les antibiotiques, les anti-inflammatoires et les produits dermatologiques sont les principaux moyens utilisés pour le soulagement physique des douleurs.

Chez l'homme, la douleur se manifeste le plus souvent au niveau du gland (en période d'excitation), des testicules (au moment de la pénétration), de la base du pénis (lors de l'éjaculation) et de l'anus (après l'éjaculation).

- Érection douloureuse ou douleur à la pénétration : phymosis secondaire, balanites (inflammations du gland souvent liées au diabète), herpès génital, urétrites et lésions dermatologiques (eczéma, balanite xerotica obliterans)
- Douleurs lors de l'éjaculation : prostatites aiguës ou chroniques, urétrites, épididymites, hernies inguino-scrotales, orchites et tumeurs testiculaires
- Douleurs sexuelles « extragénitales » : lombalgies (arthrosiques ou discales) par mobilisation du bassin lors du coït

LES TROUBLES SEXUELS CHEZ LA FEMME

Quels sont les troubles sexuels douloureux chez la femme ?

Les troubles sexuels douloureux constituent le problème sexuel qui est le plus souvent rencontré chez les femmes. Sans en être atteintes de façon chronique, de nombreuses femmes feront au moins une fois dans leur vie l'expérience d'une douleur gênant leurs rapports sexuels. La dyspareunie touche 20 % des femmes et atteint principalement les 18-40 ans. Peu d'entre elles consultent pour se faire soigner. Pourtant, on dispose de plus en plus de solutions efficaces. Il est vrai que la recherche sur ce type de maladie est relativement récente. Ce n'est que depuis le début des années 1980 que la médecine se penche réellement sur les maladies vulvovaginales. Néanmoins, la collaboration de diverses disciplines (la médecine générale et spécialisée, de même que la sexologie et la psychologie) a permis de faire avancer la connaissance dans ce domaine. Nous savons aujourd'hui que, dans la plupart des cas, l'ajout d'une consultation en sexothérapie à un traitement médical approprié augmente considérablement les chances de guérison.

La dyspareunie peut être présente à la fois dans un trouble du désir, de l'excitation et de l'orgasme : c'est que toutes ces phases sont altérées lorsque la relation sexuelle devient synonyme de douleur. Cette douleur chronique concerne habituellement les organes génitaux, mais elle peut aussi déborder de ce cadre. Dans un sens plus large, la dyspareunie inclut toute douleur récurrente qui entrave la vie sexuelle (comme des maux de dos qui empêcheraient certaines positions lors du coït, par exemple). La douleur peut se produire uniquement lors de la pénétration, mais elle peut aussi persister en dehors des relations sexuelles. Son intensité varie, allant d'une douleur légère au toucher à une sensation plus vive d'irritation ou de brûlure.

La dyspareunie a deux origines potentielles : organique ou psychologique. Du côté organique, elle est issue de problèmes douloureux au niveau du clitoris, de la vulve, du vestibule (entrée du vagin), du vagin, de l'utérus ou de l'anus. Sur le plan psychologique, son origine est la peur de l'acte sexuel. Les causes organiques de la douleur finissent aussi par se transposer sur le plan psychologique et ce trouble devient un cercle vicieux. La crainte de la douleur transforme la relation sexuelle en une source d'anxiété et de stress. Le fait de ne plus pouvoir partager une intimité sexuelle normale représente un poids additionnel. Bien souvent, le conjoint ne sait plus comment faire en tant qu'amant, aussi bien sur le plan de la technique que des sentiments. Certaines femmes vont choisir aussi comme «solution», à plus ou moins long terme, de garder leur problème pour elle et d'éviter les contacts sexuels avec leur conjoint. Évidemment, cette attitude ne peut que finir par nuire au couple.

Comment la peur de l'acte sexuel se manifeste-t-elle sur le plan physique?

On comprend plus facilement qu'un malaise physique puisse avoir des répercussions sur le plan psychologique qu'un mal psychologique puisse se traduire par des problèmes physiques. En ce qui concerne les troubles douloureux, le vaginisme est pourtant un malaise physique qui a pour principale origine la peur de la relation sexuelle. Le vaginisme se définit par une contraction réflexe et involontaire (spasme) du vagin qui se déclenche lors d'une tentative de pénétration. Cette contraction empêche la pénétration d'avoir lieu. Si une certaine ouverture permet néanmoins la pénétration, celle-ci s'avère très douloureuse.

Nombreuses sont les femmes qui souffrent de vaginisme qui ont des organes génitaux sains. Il se peut toutefois que le vaginisme soit la conséquence physiologique d'un autre trouble sexuel douloureux. C'est souvent le cas avec la vulvodynie et la vestibulite, qui se caractérisent par une sensation de brûlure – à la vulve dans le cas de la vulvodynie et au vestibule (entrée du vagin) dans le cas de la vestibulite. D'autres maladies, comme l'herpès et l'endométriose, ou un problème de lubrification, sont aussi susceptibles de provoquer un vaginisme. D'une façon moins directe, n'importe quelle douleur sexuelle peut entraîner un vaginisme du fait de la crainte d'une pénétration douloureuse.

Les autres causes psychologiques et relationnelles du vaginisme sont la mésentente avec le partenaire, l'abus sexuel, une éducation sexuelle répressive, des conflits inconscients, le rapport à la féminité, la peur des infections transmissibles sexuellement (ITS), la peur de la grossesse ainsi qu'une homosexualité latente.

Un vaginisme est dit primaire lorsqu'il se produit dès le début de la vie sexuelle de la femme et il est dit secondaire lorsqu'il survient après une période de vie sexuelle satisfaisante. Malgré cette distinction, ce trouble se manifeste de la même façon dans les deux cas. Cependant, il est courant, dans le vaginisme primaire, que le vagin soit carrément absent de l'image que la femme se fait de son corps. Si ce n'est pas le cas, elle le perçoit alors comme un orifice trop petit et trop serré pour qu'il permette une pénétration. Les femmes qui souffrent de vaginisme primaire n'ont bien souvent jamais regardé leur vulve dans un miroir ni

introduit un doigt dans leur vagin. Cette méconnais-
sance de leur corps est souvent attribuable à une
éducation sexuelle répressive ou à des abus sexuels.

Comment se traite le vaginisme?

Qu'il soit primaire ou secondaire, le vaginisme requiert
un traitement en sexothérapie ou parfois même en
psychothérapie (si le vaginisme implique des problèmes psychologiques qui dépassent le cadre de la
sexualité) : que la peur des relations sexuelles soit une
cause ou une conséquence du vaginisme, il est essentiel de la désamorcer afin que la femme se réapproprie
sa sexualité.

Dans le cas du vaginisme primaire, le thérapeute
aidera la femme à apprendre à connaître son corps et
à démystifier sa vision de la sexualité. Le vaginisme est
un réflexe appris et il se résorbe progressivement, par
étapes. En attendant la thérapie, la femme devrait
cesser toutes tentatives de pénétration. Elle peut toutefois commencer à explorer sa vulve. De ses yeux
d'abord, à l'aide d'un miroir ; de ses doigts, ensuite. Il
est important qu'elle prenne connaissance du caractère
extensible des muscles de son vagin. Elle pourra elle-
même essayer de les détendre par la masturbation. Il
est préférable d'éviter la participation du partenaire à
ce stade afin qu'il ne soit pas associé à la douleur.
D'ailleurs, si une douleur survient au cours de ces
premiers contacts, il vaut mieux que la femme arrête
la stimulation. Une fois la thérapie entamée, l'appri-

voisement de la pénétration avec le partenaire pourra se faire selon les conseils du thérapeute.

Que sont les exercices de Kegel ?

En général, plus le vaginisme est récent, plus il se traite facilement. Pour le vaginisme primaire comme pour le vaginisme secondaire, les exercices de Kegel constituent la technique privilégiée par les thérapeutes. Dans les cas où un traumatisme sexuel n'est pas impliqué, cette approche donnerait de bons résultats. Ces exercices ont été mis au point en 1948 par un gynécologue californien dans le but de combattre l'incontinence urinaire. Ils ont fait depuis la preuve de leur efficacité dans le traitement du vaginisme. Ces exercices visent à resserrer les muscles du plancher pelvien par des mouvements répétés de contraction et de relâchement de quelques secondes chacun. En fait, il s'agit de serrer les mêmes muscles que si l'on voulait arrêter d'uriner. Ces exercices peuvent d'ailleurs être essayés dans cette situation afin de s'assurer que les muscles contractés sont les bons. Une fois maîtrisés, ils devraient être pratiqués le plus souvent possible, à raison d'une vingtaine de contractions par séance. Ils ont l'avantage d'être faciles à faire, en plus de passer inaperçus.

La communication entre les partenaires ainsi que la volonté du conjoint de collaborer sont essentielles à la réussite du traitement. Le conjoint doit comprendre et accepter que, pour un certain temps, la sexualité du couple sera dictée par les impératifs de la thérapie.

Il est important que la femme apprivoise d'abord elle-même son corps. Pour ce faire, les exercices devraient être répétés tous les jours, jusqu'à ce que l'apprivoisement soit complet. Il peut arriver à l'occasion que l'intromission des doigts rencontre de la résistance. Il faut alors rester confiante, se détendre et persévérer!

Avant d'envisager un rapport sexuel incluant une pénétration, il est nécessaire d'être à l'aise avec l'intromission des trois doigts. Cela peut prendre de quelques semaines à plusieurs mois. Une fois que l'intromission des trois doigts peut être répétée sans douleur, la relation sexuelle avec pénétration peut être envisagée. Au début, il est préférable que la femme soit assise sur son partenaire afin de pouvoir contrôler elle-même la pénétration. L'utilisation d'un lubrifiant est aussi souhaitable. En essayant de faire entrer le pénis dans son vagin, la femme peut pousser sur ses muscles pelviens comme si elle allait à la selle. Ce mouvement permet d'éviter la contraction. Si jamais une douleur se produit, la meilleure chose à faire est de contracter les muscles pelviens pour ensuite les relâcher.

Avant d'être habituée, la femme devrait éviter les mouvements lors des premières pénétrations. Il est préférable qu'elle s'en tienne à la détente dans les bras de son partenaire. Il se peut que des contractions se déclenchent lors des premières tentatives de relations sexuelles. Quelques jours de reprise des exercices devraient régler le problème. Les premières fois où la femme se sent prête pour les mouvements coïtaux, il importe que ce soit toujours elle qui en ait le contrôle.

Lorsqu'elle aura franchi cette autre étape, le couple pourra commencer à laisser libre cours à des ébats sexuels plus spontanés.

Recourir aux services de physiothérapeutes peut aussi s'avérer efficace pour traiter le vaginisme. De nombreuses femmes qui y ont eu recours ont noté des bénéfices considérables, tant sur le plan de la perception de leur vagin que sur leur contrôle musculaire.

Qu'est-ce que la vaginite ?

La vaginite, qui se caractérise par une inflammation de la paroi du vagin, est un problème gynécologique courant. Environ deux femmes adultes sur trois en subiront au moins un épisode au cours de leur vie. Elle figure parmi les problèmes gynécologiques les plus fréquents qui amènent les femmes à consulter leur médecin. La vaginite peut survenir à tout âge et ses causes sont multiples. Ces différentes causes déterminent d'ailleurs divers types de vaginites.

Malgré leurs particularités propres, les vaginites comportent des symptômes communs. Elles donnent lieu à des écoulements, à de mauvaises odeurs, à de la démangeaison et à de l'irritation. Il arrive souvent qu'une sensation de brûlure se manifeste lors du coït ainsi qu'au moment d'uriner. Les lèvres vaginales sont la plupart du temps enflées et rouges. Inutile de préciser que tant qu'elles ne sont pas traitées, ces manifestations gênent sérieusement la vie sexuelle. En général, une vaginite se traite en l'espace de deux semaines (fréquemment, en quelques jours). La vaginite atrophique et la vulvovaginite cyclique sont les deux principales exceptions. La première crée des conditions qui augmentent les risques d'irritation persistante, alors que la seconde devient un réel problème à cause de sa récurrence. Ces symptômes persistants peuvent perturber le rapport que la femme entretient avec son corps et sa sexualité. En plus de ressentir de l'inconfort, la femme peut en venir à être dégoûtée par ses organes génitaux. À cela s'ajoute la gêne vis-à-vis du partenaire et parfois même la crainte qu'il ne la trouve plus désirable. De telles conséquences psychologiques nécessitent un accompagnement en sexothérapie.

Quels sont les différents types de vaginites?

Les vaginites infectieuses

Les vaginites dites «infectieuses» sont les plus répandues des vaginites. Elles sont causées soit par un déséquilibre du milieu vaginal, soit par l'apparition d'un micro-organisme porteur de maladie. L'équilibre vaginal repose sur le maintien de son pH (le vagin est plutôt acide et devrait rester ainsi) et de sa flore bactérienne (il doit être un lieu favorable aux «bonnes» bactéries qui détruisent les «mauvaises»). Une altération de cet équilibre, de même que la présence de diverses substances (un taux anormal de glucose ou d'anticorps, notamment) dans les sécrétions vaginales constituent un terrain propice au développement de micro-organismes. Parmi ceux-ci, les plus courants sont la bactérie *Gardnerella vaginalis* (qui provoque la vaginose bactérienne) et la levure (un champignon microscopique) appelée *Candida albicans* (dont l'infection est aussi connue sous les noms de vaginite à champignons ou candidose vaginale).

De façon caractéristique, la vaginite bactérienne cause des pertes malodorantes et la vaginite à *Candida* cause des pertes blanchâtres, épaisses et grumeleuses. Plus rarement, le trichomonas, un micro-organisme parasite, cause une vaginite caractérisée par des pertes grisâtres et une rougeur intense du vagin. Ce parasite peut parfois survivre dans le vagin pendant des années sans provoquer de symptômes. Un examen médical minutieux jumelé à des prélèvements spécifiques (sous forme d'écouvillonnage) permet de déterminer la cause exacte afin de prescrire le bon traitement.

La vaginite d'irritation
La vaginite d'irritation peut être le résultat d'une réaction à des produits d'hygiène parfumés (savons, douches vaginales, détergents, adoucisseurs, tampons et serviettes hygiéniques), de même qu'à des spermicides, des condoms au latex, des lubrifiants ou des médicaments.

La vaginite atrophique
La vaginite atrophique survient principalement chez les femmes en ménopause, mais elle peut aussi affecter les femmes qui ont subi une chirurgie des ovaires. Elle

est attribuable à une carence en œstrogènes. Le manque d'œstrogènes joue ici sur deux plans : il amincit la paroi vaginale et diminue la lubrification. La muqueuse vaginale étant plus mince et asséchée, elle devient facilement douloureuse lors du coït. L'utilisation abusive de crèmes à base de stéroïdes pour tenter de combattre ce problème peut accroître l'inflammation.

La vulvovaginite cyclique

Comme son nom l'indique, la vulvovaginite cyclique se traduit non seulement par une inflammation du vagin, mais aussi de la vulve. Elle est dite cyclique parce que ses symptômes fluctuent à des périodes précises du cycle menstruel. Ils se répètent d'un cycle à l'autre. Ce type de vaginite est le plus souvent d'origine infectieuse. Il s'agit soit d'une vaginite à *Candida*, soit d'une vaginose bactérienne (à *Gardnerella*). Il est primordial d'explorer avec son médecin les raisons qui peuvent expliquer la répétition de cette infection. Une sexothérapie devrait aussi être envisagée si des facteurs psychologiques relatifs à l'image corporelle ou à la sexualité sont impliqués.

Quelles sont les femmes les plus susceptibles de souffrir de vaginite ?

Les femmes diabétiques, les femmes enceintes et celles qui souffrent d'allergies sont les plus susceptibles de développer des vaginites. Une femme aux prises avec un diabète mal maîtrisé risque même de devenir une abonnée aux vaginites! L'explication est simple : les levures (champignons) adorent le glucose... Les femmes enceintes connaissent également des augmentations du taux de glucose dans leur organisme, en plus du changement de leur pH vaginal (qui augmente). Comme certaines allergies peuvent engendrer des vaginites, les femmes dont la peau est sensible aux allergènes sont donc plus à risque.

Comment traite-t-on les vaginites ?

La majorité des vaginites disparaissent en moins de deux semaines lorsqu'elles sont traitées adéquatement. Il est préférable de consulter un médecin pour obtenir un diagnostic précis, car les produits en vente libre ne sont appropriés que pour traiter un seul type de vaginite, soit la vaginite à levures. Au cours du traitement, les contacts sexuels devraient être évités. Quel que soit le type de vaginite, si les symptômes résistent aux traitements, il est impératif de retourner voir son médecin. Une évaluation médicale adéquate permettra d'identifier la ou les causes de la vaginite afin d'exclure tout risque que la femme souffre d'une maladie plus grave, telle que le diabète.

Traitement de la vaginite à levures
La vaginite à levures se traite en introduisant dans le vagin, juste avant le coucher afin que le produit reste en place, des crèmes ou des suppositoires antifongiques (qui combattent les champignons). Ces traitements

doivent être faits de façon continue, même pendant les menstruations. Les femmes qui ont souvent des vaginites à levures peuvent avoir recours à des produits en vente libre en pharmacie, comme le clotrimazole (Canesten®) et le miconazole (Monistat®). Il est aussi possible de se faire prescrire un traitement par son médecin. Il existe un traitement très efficace qui se présente sous la forme d'une dose orale unique d'un antifongique. Dans de rares cas, la vaginite à levures peut être transmise sexuellement : le partenaire doit alors être traité lui aussi. Chez l'homme, cette infection se traduit par une inflammation du gland.

Traitement de la vaginose bactérienne

La vaginose bactérienne se traite habituellement à l'aide d'antibiotiques à prendre oralement (en comprimés) ou à introduire dans le vagin (sous forme de gels ou de crèmes). Le médicament prescrit par le médecin est généralement du métronidazole. Consommer de l'alcool après avoir pris du métronidazole peut causer des crampes, des nausées et même des vomissements. Le partenaire ne devrait pas développer de symptômes liés à ce type de vaginite.

Traitement de la trichomonase

La trichomonase se soigne avec le même antibiotique que celui qui est utilisé pour la vaginose bactérienne : le métronidazole. Une simple dose de ce médicament est nécessaire dans ce cas. Le traitement doit être suivi par les deux partenaires en même temps. La consommation d'alcool est déconseillée au cours des 48 heures qui suivent la prise du médicament.

Comment peut-on prévenir les vaginites?

Heureusement, certains comportements peuvent aider à prévenir les vaginites. D'abord, l'hygiène. Il s'agit de respecter soigneusement, chaque jour, chacune des étapes de l'hygiène intime, de se laver avec un nettoyant doux et non parfumé, et de se rincer abondamment afin d'éviter les irritations dues aux résidus de produits. Il faut ensuite bien se sécher. Les douches vaginales et les produits parfumés sont à éviter (les serviettes sanitaires parfumées, par exemple). Il est bon de rappeler que chaque vulve a son odeur particulière qui peut être à peine perceptible ou plus prononcée : c'est naturel. Toutefois, si, malgré une hygiène de base adéquate, la femme a l'impression que sa vulve dégage une odeur trop forte, elle devrait en parler à son médecin. Il faut aussi dormir sans slip pour permettre l'aération de la vulve et porter chaque jour une culotte de coton propre (le coton respire mieux que le polyester ou le nylon) qu'on aura lavée avec un savon doux et rincée abondamment pour éviter qu'il s'y trouve des résidus de savon.

Après la piscine, on doit rapidement enlever un maillot mouillé. Après être allée à la selle, il est nécessaire de s'essuyer de l'avant vers l'arrière pour éviter que des bactéries contenues dans les matières fécales se retrouvent dans le vagin. Le port des pantalons ou des shorts moulants en tissus synthétiques doit être évité. On optera pour des collants avec un gousset en coton. Et on mangera sainement pour dynamiser le système immunitaire : attention aux abus de sucre et aux aliments allergènes. La consommation régulière de yogourt contenant des probiotiques (des bonnes bactéries) aide à maintenir la flore vaginale en bonne santé.

D'autre part, l'équilibre du milieu vaginal est modifié par la prise de la pilule contraceptive, par les médicaments à base d'œstrogènes et par les allergies. Il est possible aussi qu'une bactérie s'infiltre lors de la pose d'un stérilet et se propage à l'utérus et aux trompes de Fallope, causant, entre autres, une salpingite.

Le partenaire doit porter un condom pour prévenir les ITS.

Que sont la vulvodynie et la vestibulite ?

Le terme vulvodynie signifie « douleur à la vulve ». Ce symptôme se traduit plus spécifiquement par une sensation de brûlure dans l'ensemble de la région vulvaire. Plusieurs pathologies peuvent causer de la douleur à la vulve. En l'absence de cause identifiable, on parle de vulvodynie essentielle. La douleur est présente pendant plusieurs mois, qu'elle soit constante ou sporadique. Malgré la douleur, la vulve conserve la plupart du temps un aspect normal.

Une autre forme de vulvodynie est appelée vestibulite vulvaire. Cette maladie entraîne de la douleur lors de la pénétration, surtout à l'entrée du vagin. Cette douleur peut même être ressentie lors de l'utilisation d'un tampon. Il y a parfois de la rougeur. La vestibulite est plus fréquente chez les plus jeunes femmes. Le mal peut avoir une origine psychologique, mais il peut aussi provenir d'une irritation ou d'une inflammation de la muqueuse, d'un hymen persistant, de même que d'un problème neurologique.

Comment se traitent la vulvodynie et la vestibulite ?

Selon l'origine de la douleur, des traitements différents seront indiqués. Quelle qu'en soit la cause, ce mal a souvent des répercussions sur les plans psychologique et relationnel. Une sexothérapie peut donc s'avérer nécessaire.

Il est essentiel que les femmes qui sont affectées et leur partenaire comprennent bien ce que sont la vulvodynie et la vestibulite. Il faut avant tout savoir que ce n'est pas une ITS. Et il est important d'éliminer tout irritant potentiel et d'éviter toute autre maladie.

Actuellement, il existe plusieurs traitements : l'application de crème hormonale ou de gelée lubrifiante, l'hormonothérapie, l'injection de cortisone, la prise d'antidépresseurs ou d'analgésiques, l'acupuncture, la psychothérapie et la sexothérapie, et, enfin, la chirurgie. Une consultation médicale aidera à trouver une solution efficace à ce problème parfois rebelle.

Peut-on être allergique au sperme?

L'allergie au sperme est une affection très rare. Elle survient la plupart du temps chez des jeunes femmes qui commencent à avoir des rapports sexuels. La substance allergène serait le liquide séminal plutôt que les spermatozoïdes eux-mêmes. Les symptômes comprennent notamment une irritation douloureuse, des démangeaisons, une enflure dans la région de la vulve et du vagin ainsi que des douleurs abdominales. Il arrive que des problèmes gynécologiques plus courants (comme l'herpès ou la cystite) soient pris à tort pour une allergie au sperme. Les manifestations de cette allergie ont la particularité d'apparaître précocement, soit pendant le rapport sexuel ou juste après. Les chocs anaphylactiques (réaction immunitaire pathologique pouvant être mortelle), l'urticaire généralisée (sur tout le corps), l'asthme et l'hypotension font partie des évolutions potentielles de la maladie. Si on croit souffrir de cette affection, un test d'allergie effectué à partir du sperme du conjoint peut le confirmer (avant de procéder à ce test, on doit être certain que le sperme n'est porteur ni du VIH/sida ni d'hépatites). On peut par ailleurs être allergique au sperme d'un homme sans l'être à celui d'un autre. L'utilisation du condom, parfois combinée à des mesures thérapeutiques, est la solution à ce type d'affection.

Qu'est-ce que la dépendance sexuelle?

La dépendance sexuelle, aussi nommée hypersexualité, est considérée comme une dépendance au même titre que le jeu pathologique ou l'alcoolisme. D'ailleurs, il arrive souvent que la personne atteinte ait d'autres dépendances: drogue, tabac, jeu, etc. Définir la dépendance sexuelle n'est pas simple. Il n'est pas toujours évident de tracer une ligne entre un appétit pour le sexe qui est sain et un autre qui est malsain. En fait, les opinions des spécialistes divergent tellement sur cette question que l'hypersexualité n'a pas eu droit à une entrée dans le *DSM*, la bible diagnostique et statistique mondiale concernant les troubles mentaux.

Certains critères qui définissent cette manifestation particulière du désir sexuel sont classés dans une catégorie moins précise: les troubles sexuels non spécifiés. Cette catégorie comprend les troubles qui ne répondent aux critères d'aucun trouble sexuel spécifique et qui ne sont ni un dysfonctionnement sexuel ni une paraphilie. Le terme « paraphilie » regroupe toute conduite sexuelle déviante (le voyeurisme, l'exhibitionnisme, la pédophilie, par exemple) par rapport aux normes hétérosexuelles puritaines.

Définir la dépendance sexuelle exige donc de prendre des précautions. Malgré cela et malgré le fait que chaque cas diagnostiqué est unique, certains points communs aident à la cerner. D'abord, pour pouvoir diagnostiquer ce trouble, il importe que ce besoin démesuré de satisfaction sexuelle engendre un sérieux malaise s'il n'est pas assouvi. La personne peut en arriver à continuer ses comportements sexuels bien qu'elle ressente une douleur physique ou psychique. Il peut même lui arriver de couper tous liens sociaux agréables au profit de sa dépendance sexuelle. Un fait majeur touche d'ailleurs la plupart de ceux et cellesqui la développent : ils ou elles connaissent aussi des troubles d'anxiété et de dépression. À partir de là, il est plus facile de comprendre que les effets relaxants et antidépressifs de l'orgasme contiennent une partie de l'explication. Par contre, une fois l'orgasme atteint, le sentiment de vide a tôt fait de remplacer l'euphorie.

Plus d'hommes que de femmes sont touchés par la dépendance sexuelle. En général, elle apparaît à l'aube de la vie adulte, entre 18 ans et le milieu de la vingtaine. Les comportements typiques de l'hypersexualité sont la masturbation compulsive, un mode de relations sexuelles répétitives, une tendance marquée à la promiscuité sexuelle, la fréquentation de prostitué(e)s, la consommation de pornographie ou de cyberpornographie, etc.

Les hommes et les femmes ne vivent pas ce trouble tout à fait de la même façon. Les hommes sont attirés par les aventures avec des inconnu(e)s, les activités sexuelles risquées et les prostitué(e)s. Les femmes se perçoivent comme des dépendantes affectives, tentent de séduire plusieurs partenaires et sont portées vers le sadomasochisme.

Il y a divers degrés de dépendance sexuelle. À raison de quatre ou cinq orgasmes par jour, le problème peut passer inaperçu dans l'entourage de la personne qui le vit. Lorsqu'il est question d'une quinzaine d'orgasmes par jour, il devient plus difficile de mener une vie normale. Ce facteur est significatif pour déterminer s'il y a bel et bien un trouble. Le manque d'adaptation à la vie sociale s'accompagne de difficultés relationnelles et d'un sentiment de perte de contrôle. Cette réalité finit par faire souffrir celui ou celle qui la vit.

Les causes de l'hypersexualité sont nombreuses. D'une manière indirecte, l'apparition de ce trouble sexuel peut être favorisé par la culture ambiante chez ceux qui y sont prédisposés. Inutile d'aller bien loin dans nos sociétés occidentales modernes pour trouver un incitatif sexuel. En plus des images véhiculées par les médias traditionnels, que dire des propositions que l'on trouve sur Internet ! Certains individus sont plus vulnérables que d'autres face aux pièges d'une société où le sexe est très souvent présenté comme une marchandise. Aux facteurs culturels s'ajoutent les facteurs sociaux, comme le fait de se servir de la sexualité pour appartenir à un groupe. Puis, viennent les facteurs personnels : la santé mentale, les antécédents familiaux et le rapport à la sexualité. En plus d'être liée à de l'anxiété et de la dépression, la dépendance sexuelle relève aussi d'un trouble de la personnalité obsessionnel-compulsif. Du côté des antécédents familiaux, une proportion importante des personnes qui souffrent d'hypersexualité ont des parents qui ont connu un problème de dépendance (à une substance ou à la sexualité) ou un trouble alimentaire. La répétition d'un comportement d'une génération à une autre peut s'expliquer par l'imitation ou par la génétique. L'abus sexuel durant l'enfance est un autre facteur fréquent chez ceux qui souffrent d'hyper-sexualité.

Comment se traite la dépendance sexuelle ?

Le traitement de la dépendance sexuelle doit être adapté au cas par cas. Les personnes atteintes peuvent attendre longtemps avant de consulter un praticien, notamment en raison de la honte qui pèse sur ce trouble. Pourtant, les antidépresseurs ou les anxiolytiques peuvent grandement les aider à calmer leur besoin compulsif d'orgasmes. Ces médicaments peuvent même réussir à eux seuls à enrayer un trouble récent. Si le problème dure depuis plus de six mois, une sexothérapie devrait s'ajouter à la médication.

Un traitement hormonal est une autre option : les antiandrogènes que sont l'acétate de cyprotérone et l'acétate de médroxyprogestérone ont pour effet de faire diminuer la libido chez la femme comme chez l'homme. Une sexothérapie en couple peut être indiquée si la dépendance a lieu entre deux conjoints. Cette hypersexualité risque alors d'être doublée d'une dépendance affective. Souvent, cependant, la personne atteinte d'hypersexualité fréquente plusieurs partenaires ou se procure sa stimulation ailleurs que dans une relation (Internet, magazines, gadgets sexuels, etc.). Une sexothérapie (en solo) est aussi souhaitable dans ce cas.

Les infections transmissibles sexuellement

La santé est notre bien le plus précieux et la sexualité est l'une de ses manifestations les plus agréables. Malheureusement, ce lieu d'échange de sensations, douces ou fortes, peut aussi en être un de transmission d'infections. Qu'elles soient bénignes ou récurrentes, les infections transmissibles sexuellement (ITS) doivent être prises au sérieux. Si certaines se traitent relativement facilement, d'autres demeurent incurables. La maladie, quelle que soit sa gravité, est souvent synonyme de souffrance et de diminution de la qualité de vie. La meilleure façon de lutter contre les ITS demeure la prévention. Cette prévention passe inévitablement par l'éducation et la responsabilisation de chacun vis-à-vis de sa santé et de sa sexualité. Concrètement, la prévention peut sembler aller à l'encontre de la spontanéité qui caractérise la sexualité. Toutefois, notre santé et notre vie méritent bien ce petit compromis.

Pourquoi utilise-t-on aujourd'hui le terme ITS plutôt que celui de MTS ?

Il s'agit d'une question de précision. En fait, c'est l'infection transmissible sexuellement (ITS) qui doit faire l'objet de prévention. L'explication est simple : pour qu'une maladie transmissible sexuellement (MTS) se développe dans l'organisme, il doit d'abord y avoir une infection transmissible sexuellement (ITS). De ce fait, le terme ITS inclut aussi les infections transmissibles sexuellement dont les symptômes ne se développent pas.

Comment reconnaître les signes d'une ITS ?

Il arrive qu'une ITS ne présente que de très légers symptômes et parfois même aucun. La symptomatologie peut varier d'un individu à l'autre. Chaque type d'infection possède ses propres caractéristiques. Les plus fréquentes sont : des pertes vaginales plus abondantes et d'apparence différente chez la femme ; des écoulements du pénis chez l'homme ; des changements cutanés aux organes génitaux ou à l'anus notamment (lésions, boutons, rougeur) ; de la démangeaison ; une sensation de brûlure au moment d'uriner ; ainsi que de l'enflure au niveau des ganglions de l'aine. Si on remarque la moindre anomalie, il faut consulter un médecin.

Quels sont les principaux facteurs de risque de contracter une ITS ?

Une ITS peut s'attraper avec un partenaire de n'importe quel âge, de n'importe quel sexe et de n'importe quelle orientation sexuelle. Il ne faut donc pas se fier aux apparences. Plusieurs situations sont à risque et devraient faire l'objet de précautions supplémentaires. De plus, certains comportements sont à proscrire : des relations sexuelles vaginales, orales ou anales non protégées par l'usage d'un condom (au latex), des rapports sexuels avec des partenaires multiples et/ou souffrant d'une ITS, l'utilisation et le partage de seringues, d'aiguilles (utilisées pour l'injection de drogues, pour le tatouage ou le piercing) ou d'accessoires sexuels en sont des exemples parmi d'autres.

Un petit truc pour éviter les mauvaises surprises consiste à exprimer, dès le début de la rencontre avec un nouveau partenaire, son désir de se protéger adéquatement jusqu'à ce qu'on soit certain qu'aucun des deux n'est porteur d'une ITS.

Que faire si l'on croit avoir contracté une ITS?

Si l'on croit avoir contracté une ITS, ou tout simplement à la suite de relations à risque et non protégées, il est important d'aller passer un test de dépistage des ITS chez un médecin, dans une clinique spécialisée ou dans un CLSC, même si aucun symptôme ne s'est manifesté. Si ce test confirme que l'on a bel et bien une ITS, il est essentiel d'avertir son, sa ou ses partenaires, qui devront à leur tour aller consulter un médecin pour recevoir un traitement. Afin d'éviter de transmettre l'ITS à son tour, il est important de s'abstenir de relations sexuelles pendant toute la durée du traitement.

Il est également important de faire un suivi pour s'assurer de la guérison de l'infection.

Comment une ITS se transmet-elle?

Les virus, les bactéries et autres parasites à l'origine des ITS peuvent survivre et voyager dans le sang, le sperme ou les sécrétions génitales. Une ITS se transmet donc généralement par l'échange de ces fluides. La transmission peut aussi se faire par le contact avec la région touchée, que l'infection soit visible ou non. En cas de coupure dans la bouche ou sur les lèvres, il est possible que la salive transporte à son tour l'infection. Une personne atteinte pourrait infecter son entourage par des contacts non sexuels, comme dans le cas de l'hépatite B. Il est possible qu'une femme puisse transmettre une infection à son fœtus pendant sa grossesse ou à son bébé lors de l'accouchement ou de l'allaitement.

L'échange de seringues, d'aiguilles et d'accessoires sexuels sont des modes de transmission non négligeables.

Qu'est-ce que l'herpès génital ?

L'herpès génital est une ITS très répandue chez les hommes comme chez les femmes. Il se développe par le contact direct de la peau sur une région infectée par le virus, que cette région présente des symptômes ou non. Le virus qui provoque généralement l'herpès génital est parent, mais différent, du virus qui est à l'origine de l'herpès buccal, communément appelé « feu sauvage ». Il n'est pas impossible, par contre, qu'un herpès buccal contamine les organes génitaux du partenaire quand on pratique le sexe oral. Et vice versa. Autrement dit, l'herpès peut s'attraper en touchant les organes génitaux ou l'anus du partenaire infecté. S'asseoir sur le même siège de toilette qu'une personne infectée, partager le même bain ou la même piscine ne permet pas la transmission de cette ITS. Si on a touché de ses mains la région du corps infectée, on devrait les laver au savon le plus rapidement possible. Dans de rares cas, une femme enceinte peut contaminer son bébé avant ou après l'accouchement. L'herpès peut être mortel pour un bébé.

Environ la moitié des personnes atteintes ne développent aucun symptôme. Une première poussée d'herpès peut toutefois débuter dès la semaine suivant la relation sexuelle avec le partenaire infecté. Une brûlure et une démangeaison se font sentir dans les 24 à 48 heures précédant l'éruption cutanée. De la fièvre, des ganglions enflés dans l'aine et des maux de tête peuvent aussi se manifester. L'éruption a lieu sur la vulve, à l'entrée du vagin, à l'anus et sur la peau entourant la région génitale chez la femme. Chez l'homme, elle peut apparaître sur le gland, le pénis, la région entourant les testicules et l'anus. Cette éruption prend souvent la forme de petites cloches qui laissent échapper du liquide quand elles éclatent et qui laissent des lésions douloureuses. Cette crise dure environ huit jours, puis elle est suivie d'une cicatrisation. Entre 50 % et 70 % des personnes souffrant d'herpès ne verront plus de symptômes ressurgir après leur première crise. Pour les autres, les symptômes risquent de revenir fréquemment et plus particulièrement lorsque le système immunitaire est plus faible : en périodes de stress, de grippe, de menstruation, etc. Ces éruptions subséquentes peuvent se présenter sur la vulve, le pénis et même sur les fesses ou les jambes. Il existe des médicaments antiviraux qui tendent à atténuer la douleur et à abréger la durée des éruptions. Ces médicaments peuvent être pris de façon ponctuelle, pour diminuer l'intensité de la crise, ou de façon continue pour espacer, voire éliminer des crises trop nombreuses. Attention : si la lésion est située dans l'aine, par exemple, le condom n'est pas une protection suffisante puisqu'il ne recouvre pas cette zone.

Toutefois, le virus de l'herpès demeure pour toujours dans l'organisme de la personne qui l'a contracté. La personne atteinte peut avoir des récurrences asymptomatiques et ainsi transmettre l'infection à ses partenaires. On estime que seulement 10 % des individus infectés sont au courant de leur état et ils risquent donc de contaminer sans le savoir d'autres personnes. Cette maladie peut être détectée par la recherche du virus sur les lésions ou par des prises de sang.

Que sont les condylomes et le virus du papillome humain (VPH) ?

Les condylomes, aussi appelés condylomes acuminés ou « crêtes de coq », sont causés par le virus du papillome humain (VPH ou papillomavirus). Il s'agit d'une autre infection très courante, autant chez les hommes que chez les femmes. Les relations sexuelles sont le principal mode de transmission de ce virus. Pour se propager, il nécessite un contact direct avec la région cutanée infectée. Chez la femme, les régions touchées sont la vulve, le col de l'utérus et l'anus. Chez l'homme, il s'agit du pénis, du scrotum et de l'anus.

Cette ITS est souvent asymptomatique. Lorsque des symptômes se manifestent, il s'agit de verrues (condylomes) aplaties ou semblables à des mini-choux-fleurs.

Elles sont soit regroupées, soit isolées sur la région anogénitale, de même que sur les cuisses. Habituellement, les condylomes sont indolores, mais il est possible qu'ils provoquent des démangeaisons, de même que des écoulements, sanguins ou autres. Leur temps d'éclosion peut être très court ou très long (plusieurs années). Chaque infection est donc susceptible de connaître une évolution différente. On ignore toujours pourquoi l'infection peut rester dormante ou soudainement devenir active et affecter le col de l'utérus. Afin de détecter le virus chez la femme, un test de Papanicolaou (cytologie du col de l'utérus) et une colposcopie (examen du col de l'utérus à la loupe) sont nécessaires. L'homme doit aussi subir un examen des organes génitaux. Dans de rares cas, le bébé d'une femme enceinte atteinte du VPH pourrait le développer dans la gorge.

Le traitement dépend de la gravité de l'affection. Des produits à appliquer localement, à la maison ou dans le cabinet du médecin, réussissent généralement à éradiquer un peu plus de la moitié des condylomes. Pour les condylomes plus tenaces, le médecin peut aussi utiliser la cryothérapie (qui consiste à geler les verrues à l'azote) ou la chirurgie au laser (qui détruit les verrues ou les cellules anormales).

Le virus du papillome humain peut être de différentes souches. Actuellement, on dénombre plus de 100 types de VPH. Parmi ces souches, il en est qui augmentent notamment le risque de développer un cancer du col de l'utérus, de la vulve, du pénis et du rectum. La majorité des VPH n'entraînent pas de cancer. Par contre, le VPH est présent chez la presque totalité des femmes (plus de 90 %) qui développent un cancer de l'utérus. Des recherches suggèrent également que le VPH pourrait aussi être impliqué dans d'autres types de cancer.

Heureusement, un nouveau vaccin, issu d'une technologie d'ingénierie génétique, vient de voir le jour au Canada. Le vaccin Gardasil® confère une excellente protection contre les types 16 et 18 (responsables de 70 % des cas de cancer du col utérin) et contre les types 6 et 11 (responsables d'un grand nombre de verrues génitales).

Le vaccin Gardasil® est indiqué pour les adolescentes et les jeunes femmes de 9 à 26 ans. Il nécessite l'injection de trois doses : la première à la date choisie, puis deux mois et six mois après la première dose. Dans les études cliniques, ce vaccin a été généralement bien toléré et a montré sa supériorité pour prévenir l'apparition de plusieurs maladies liées au VPH. D'autres vaccins sont présentement à l'étude.

Qu'est-ce que la chlamydiose ?

D'origine bactérienne, la chlamydiose (infection à *Chlamydia*) est une ITS très répandue dans la population féminine. Les hommes peuvent aussi en être atteints. Le fait qu'elle soit souvent sans symptômes explique en partie pourquoi elle se propage si rapidement. Si des signes de l'infection se manifestent, c'est habituellement entre une et trois semaines après la relation sexuelle (vaginale, anale ou orale).

Chez la femme, les symptômes de la chlamydiose sont : des pertes vaginales inhabituelles ; une douleur lors des relations sexuelles ; des saignements après les relations sexuelles ; une sensation de brûlure en urinant ; des maux de ventre ; de la douleur au moment des règles ; des frissons et de la fièvre. Chez l'homme, ses manifestations sont : des pertes claires ou blanchâtres au pénis ; des démangeaisons dans le pénis ; une douleur et une enflure aux testicules ; une sensation de brûlure en urinant.

Parmi ses conséquences, la chlamydiose peut entraîner chez la femme une infection pelvienne chronique qui cause une douleur constante au bas-ventre ainsi que des problèmes de fertilité. Si la femme est enceinte, les poumons et les yeux de son bébé peuvent être infectés. Chez les hommes, les conséquences à long terme de la chlamydiose restent inconnues.

On dépiste la chlamydiose soit par un prélèvement génital, soit à l'aide d'un test d'urine. Chez la femme, il est également nécessaire de faire un examen du col de l'utérus. La chlamydiose se traite par des antibiotiques oraux.

Qu'est-ce que la gonorrhée ?

La gonorrhée est une ITS d'origine bactérienne, aussi connue sous le terme populaire de « chaude-pisse ». Cette affection fréquente, qui ne présente dans plusieurs cas aucun symptôme, peut entraîner des complications importantes, notamment chez les femmes.

Non soignées, ces dernières peuvent souffrir d'inflammation chronique au bas-ventre et même devenir stériles. La gonorrhée se contracte lors de relations sexuelles vaginales, anales ou orales. En accouchant, une femme enceinte atteinte de gonorrhée peut gravement infecter les yeux de son bébé. Lorsque des symptômes apparaissent, cela se produit dans les trois à cinq jours suivant le rapport sexuel.

Chez la femme, ses manifestations comprennent : des écoulements vaginaux inhabituels ; une brûlure en urinant ; des maux de ventre ; des frissons et de la fièvre ; des saignements vaginaux entre les règles et après les relations sexuelles ; des relations sexuelles accompagnées de douleur ; parfois de la douleur et des écoulements rectaux. Chez l'homme, les symptômes sont : l'écoulement d'un liquide jaune ou verdâtre du pénis ; une brûlure en urinant ; une enflure et de la douleur aux testicules ; parfois de la douleur, des écoulements rectaux et de la fièvre.

La gonorrhée se guérit habituellement avec une dose d'antibiotique oral. Se faire traiter le plus rapidement possible pourra éviter de fâcheuses complications. Comme pour la femme, elle peut entraîner la stérilité chez l'homme (causée par des cicatrices dans l'appareil génital), de même qu'une douleur chronique en urinant (causée par des cicatrices dans l'urètre). Chez la femme comme chez l'homme, elle risque aussi de provoquer un type particulier d'arthrite (le syndrome de Reiter), en s'attaquant aux articulations.

Qu'est-ce que la syphilis?

De nature bactérienne, la syphilis peut affecter gravement l'ensemble de l'organisme si elle n'est pas traitée. Elle se propage lors de relations sexuelles vaginales, anales ou orales. Comme c'est le cas pour plusieurs autres ITS, elle peut être sans symptômes apparents. Des symptômes peuvent aussi se manifester brièvement pour disparaître ensuite sans que l'infection soit enrayée. Chez une femme enceinte, si la syphilis se propage au fœtus, elle risque de le faire mourir ou d'entraîner des malformations congénitales.

Lorsqu'ils se présentent, les premiers signes de l'infection sont une lésion rosée, délimitée dans la région du vagin, du pénis, de l'anus ou même dans la bouche, sur les lèvres ou sur les amygdales. Cette lésion finit par durcir et laisse alors couler un liquide clair. Les ganglions qui se trouvent à proximité de la lésion peuvent être enflés. Ces symptômes se produisent normalement au cours des trois premières semaines de l'infection, mais ils peuvent durer pendant jusqu'à trois mois. Dans un deuxième temps, de nombreuses lésions cutanées (dont certaines sont contagieuses) peuvent apparaître dans les régions citées précédemment. Les ganglions apparaissent alors en grand nombre et s'accompagnent de fatigue, de fièvre légère et de maux de tête. Les reins, le foie et les articulations peuvent être touchés. Une méningite est aussi susceptible de se déclarer.

C'est par une prise de sang que l'on peut savoir si une personne est infectée par la syphilis. Cette maladie se soigne par des antibiotiques, qui peuvent l'enrayer complètement. Si elle n'est pas traitée à temps, elle risque de donner lieu, en quelques mois ou en quelques années, à de graves troubles neurologiques, cardiaques, digestifs, oculaires, rénaux, laryngés et psychiatriques. À ce stade, la maladie n'est plus contagieuse.

Qu'est-ce que le lymphogranulome vénérien (LGV) ?

Autrefois, le lymphogranulome vénérien (LGV) se rencontrait rarement au Canada. Aujourd'hui, cette ITS arrivée des régions tropicales fait de nouvelles victimes tous les mois, notamment dans la population homosexuelle masculine. Le LGV est causé par une bactérie de la même famille que la *Chlamydia*. Il se transmet lors de relations sexuelles anales, vaginales ou orales. S'ils ne sont pas traités, ses symptômes et ses conséquences sur la santé s'avèrent plus graves que ceux de la chlamydiose.

Les symptômes du LGV font leur apparition entre trois jours et un mois après la relation sexuelle avec la personne infectée. Dans un premier temps, une enflure ou une lésion indolore se développe là où la bactérie est entrée, soit au niveau des organes génitaux, dans le rectum ou dans la bouche. Cette manifestation passe souvent inaperçue et elle peut disparaître rapidement, bien que l'infection soit toujours présente. Dans un deuxième temps, de la fatigue, de la fièvre, des frissons, de l'enflure aux ganglions ainsi que des douleurs aux muscles et aux articulations peuvent survenir. Si la bactérie s'est infiltrée par la région anale, de la constipation et des pertes anales sont possibles.

Pour confirmer l'infection au LGV, il est nécessaire de faire un prélèvement sur la région affectée. Le LGV peut se guérir à l'aide d'antibiotiques. Il peut provoquer des déformations aux endroits où la bactérie est entrée (principalement aux organes génitaux ou à l'anus), de même qu'une méningo-encéphalite (maladie inflammatoire du cerveau et de la moelle épinière). Un LGV non soigné peut être mortel.

Que sont les « morpions » et la gale ?

Les relations sexuelles offrent à ces minuscules parasites une occasion idéale de se propager. Toutefois, ces intrus peuvent aussi infecter une personne de façon indirecte, en passant par des draps, un vêtement ou une serviette de bain, par exemple. Les plus fréquents sont la gale, les poux de tête et les poux du pubis (morpions).

La gale pond ses œufs dans la peau, ce qui se traduit, chez la personne qui en est infectée, par divers symptômes. La personne qui en est atteinte peut retrouver des petites gales sur diverses parties de son anatomie. Dans le cas des morpions, on peut reconnaître à l'œil nu à la fois le parasite (gros comme une tête d'épingle et de couleur brun rougeâtre ou grise) et ses œufs (petits œufs blancs collés sur les poils). De minuscules points bleus peuvent aussi indiquer des piqûres de morpions, de même que de petites plaques de sang séché. Les morpions sont de la même famille que les poux de tête. Ils peuvent vivre jusqu'à 35 jours et entre une à deux journées complètes sur des objets. Leurs œufs éclosent généralement autour de neuf jours après avoir été pondus, mais cette éclosion peut aussi prendre jusqu'à plus de deux semaines.

Les œufs des acariens (ce ne sont pas les mêmes que ceux qui vivent dans les matelas...) qui causent la gale éclosent en trois à quatre jours et les larves sont capables de pondre à leur tour 17 jours plus tard. La gale se reconnaît à la démangeaison intense qu'elle provoque, le plus souvent la nuit ou à la sortie du bain. Cette démangeaison est une réaction aux excréments des acariens. De deux à six semaines après le contact avec l'infection, la personne infectée se retrouve avec des éruptions cutanées un peu partout sur le corps, particulièrement où se trouvent des replis et de la chaleur : autour des organes génitaux, entre les doigts, dans le pli des coudes et aux poignets, etc. Tenter de soulager la démangeaison en se grattant risque d'entraîner des saignements et de l'infection.

Les morpions et la gale se traitent à l'aide de produits topiques (crèmes, shampoings et lotions) spécialement conçus pour ce problème et que l'on peut se procurer en pharmacie. Une infection non traitée risque de se transformer en infection cutanée plus grave. En plus de se traiter, il est essentiel d'éliminer ces parasites de son environnement. Pour les détruire, on peut soit laver les vêtements et la literie à l'eau chaude ou apporter le tout chez le nettoyeur pour un nettoyage à sec. Le fer à repasser contribue aussi à les éliminer, de même que le fait de mettre les effets contaminés au froid, dans le congélateur. On peut aussi détruire les morpions et la gale qui se trouvent sur les vêtements en enfermant hermétiquement ces derniers dans un sac de plastique pendant deux semaines. Le ou la partenaire doit procéder au même traitement, ainsi que les autres membres de la maisonnée.

Qu'est-ce que l'hépatite B?

L'hépatite B est une infection du foie d'origine virale. Elle se propage plus facilement que le VIH, par le contact des fluides corporels (sang, sperme, sécrétions vaginales) au cours d'une relation sexuelle vaginale, anale ou orale. Une femme enceinte peut aussi transmettre le virus à son bébé lors de l'accouchement.

Heureusement, l'hépatite B est une ITS qui peut facilement être prévenue. L'utilisation de moyens de type «barrière» (p. ex., le condom et, surtout, la vaccination) permet de limiter considérablement cette infection. La vaccination joue un rôle de premier ordre dans la prévention de cette ITS. C'est pourquoi le programme universel de vaccination du Québec suggère la vaccination de tous les enfants à partir de la quatrième année du primaire. Les personnes qui n'ont pas été vaccinées et qui présentent des facteurs de risque (utilisation de drogues intraveineuses, multiplicité des partenaires ou conjoint porteur de l'hépatite B) devraient être vaccinées gratuitement.

L'évolution de cette maladie est différente d'un individu à l'autre. Chez certaines personnes, l'infection disparaît. Il existe certains traitements, surtout pour ralentir la progression des atteintes hépatiques chroniques, mais il peut arriver qu'une personne n'arrive pas à se débarrasser de cette maladie et en reste porteuse toute sa vie.

Les premiers signes de l'hépatite B ne se manifestent habituellement pas avant deux à six mois. Ce qui donne le temps à cette ITS de se propager. De plus, il arrive fréquemment qu'une personne soit porteuse du virus toute sa vie sans en développer les symptômes et qu'ignorant son état elle propage l'infection. À long terme, l'hépatite B représente une menace sérieuse pour la santé. Elle peut, entre autres, déclencher des maladies chroniques du foie ainsi que le cancer du foie. Lorsqu'ils sont présents, les symptômes de l'hépatite B sont : la perte d'appétit ; des nausées et des vomissements ; des maux de tête ; une fatigue importante ; une sensation de malaise généralisé ; ainsi qu'une coloration jaunâtre des yeux et de la peau, la jaunisse (la jaunisse du nourrisson n'a rien à voir avec ce type de jaunisse). Un examen sanguin permet de savoir si on en est infecté.

Qu'est-ce que l'infection à VIH/sida ?

Le VIH (virus de l'immunodéficience humaine) est à l'origine du développement du sida, le syndrome d'immunodéficience acquise. Le VIH s'en prend au système immunitaire, qui a pour rôle de défendre l'organisme contre les infections. Le sida représente la phase avancée de l'infection par le VIH, quand les défenses naturelles du corps ne sont plus en mesure de lutter contre les infections, même les plus banales pour un organisme en santé. Les personnes infectées par le VIH sont ainsi susceptibles d'être victimes de maladies graves, comme certains cancers et certaines infections opportunistes.

Pour se transmettre, le VIH doit passer par le sang, le sperme, le liquide prééjaculatoire, les sécrétions vaginales, le placenta ou le lait maternel. La salive (à moins qu'il y ait des lésions aux lèvres ou dans la bouche), le contact direct (poignée de main, accolade, etc.) et l'air ne peuvent servir de véhicules pour le VIH ; pas plus qu'un objet touché par une personne séropositive (infectée par le VIH). Par contre, l'utilisation d'aiguilles et de seringues, de même que le tatouage et le piercing font partie des comportements à risque. En ce qui concerne les relations sexuelles, l'échange d'accessoires érotiques présente un risque non négligeable et nécessite de grandes précautions.

Un test de détection des anticorps du VIH – fait à partir d'une prise de sang – est le moyen de déterminer si on est séropositif. Généralement, les anticorps au virus ne commencent à apparaître dans le sang que trois mois après la contraction du VIH.

Comment peut-on se protéger des ITS lors des relations sexuelles ?

La prévention des ITS est possible, mais elle exige que chacun se responsabilise vis-à-vis de sa propre santé et de celle de son, sa ou ses partenaires. Partager sa sexualité au sein d'une relation stable, avec un partenaire qui n'est pas infecté, reste le meilleur moyen d'éviter les ITS (en dehors de l'abstinence, bien sûr...). Si on a un nouveau ou une nouvelle partenaire (ou plusieurs), le condom en latex est un allié indispensable. En plus de prévenir efficacement les grossesses non désirées, il fournit la barrière physique nécessaire pour éviter la propagation de la plupart des ITS chez les deux partenaires. Il protège aussi les partenaires d'une ITS transmise par des lésions cutanées présentes sur le pénis ou dans le vagin. Cependant, il ne peut prévenir les maladies transmissibles sexuellement (MTS) qui se propagent par contact direct dans d'autres régions cutanées que le pénis ou le vagin, comme c'est le cas pour l'herpès génital ou les condylomes acuminés. Aucune méthode n'est donc sûre à 100 % pour éviter les ITS.

Quels sont les différents types de condoms ?

Le condom doit être utilisé lors des relations vaginales, orales et anales. Le condom masculin est le plus connu, mais il existe aussi un condom féminin. À ces deux types de condoms s'ajoute la digue dentaire. Elle peut être utilisée, au même titre qu'un condom coupé dans le sens de la longueur, comme écran protecteur pour le cunnilingus (sexe oral sur les parties génitales de la femme) ou l'anulingus (sexe oral sur l'anus du ou de la partenaire). Le condom féminin et le condom masculin sont aussi efficaces l'un que l'autre. Toutefois, ils ne devraient jamais être utilisés en même temps. La friction entre les deux risque de les déplacer ou de les déchirer. Cette idée n'est donc pas un gage de protection supplémentaire, bien au contraire. Avant d'utiliser un condom, il est primordial de s'assurer qu'il est toujours en bon état. La première chose à faire est évidemment de vérifier la date de péremption. Afin d'éviter les déchirures lors de sa mise en place, il faut le manipuler avec précaution ; attention aux bagues et aux ongles ! Quels que soient le genre de relation et le type de condom, ce dernier ne doit être utilisé qu'une seule fois.

Les condoms devraient être conservés dans leur emballage et entreposés dans un lieu sec et frais. Il est important d'être prévoyant et de toujours en avoir à portée de la main. Si on veut les lubrifier, on ne doit le faire qu'avec un lubrifiant à base d'eau prévu à cette fin. Il ne faut jamais mettre un condom en contact avec d'autres substances grasses (vaseline, graisses ou huiles végétales, crèmes, etc.) : cela risquerait de l'endommager en plus d'irriter les organes génitaux.

Le condom féminin

Le condom féminin a la forme d'un petit sac. Parce qu'il est en polyuréthane (matériau synthétique), ce condom peut constituer une solution de rechange dans les cas d'allergie au latex. Il est doté d'un anneau en plastique à chacune de ses extrémités. Une fois inséré dans le vagin, un des anneaux le maintient en place sur le col de l'utérus, tandis que l'autre demeure à l'entrée du vagin. Inséré dans l'anus, ce condom peut également servir de protection pour les relations anales.

Pour installer le condom, on doit presser sur l'anneau dont le centre est recouvert de la surface de polyuréthane (et non l'anneau vide) en même temps qu'on ouvre avec la main l'entrée du vagin ou l'anus. On fait ensuite entrer le condom en plaçant cet anneau au fond du vagin ou de l'anus. On pousse enfin le condom à l'intérieur avec l'index de façon à ce qu'environ 2,5 cm de condom dépassent à l'extérieur du vagin ou de l'anus. Durant la relation sexuelle, on doit s'assurer que les mouvements du pénis ne font pas entrer le sac à l'intérieur. L'anneau extérieur doit rester bien en place. Après la relation, le condom doit être retiré délicatement en le tirant par l'anneau externe.

Le condom masculin

Le choix ne manque pas du côté des condoms pour hommes : petits, grands, pour plus de sensibilité, colorés, aromatisés, lubrifiés, avec spermicides, etc. On est certain d'en trouver au moins un type (et probablement plusieurs) qui convienne. Pour cela, il faut faire des essais. Si on est allergique au latex, il existe des condoms masculins en polyuréthane.

Un condom doit toujours être manipulé délicatement, depuis l'ouverture de l'enveloppe qui le contient jusqu'à la fin de son utilisation. On peut mettre une goutte de lubrifiant à base d'eau à l'intérieur du réservoir (le bout) avant de le dérouler ou sur le pénis (il ne faut pas en mettre trop, car le condom risque de glisser du pénis). Cela pourra éviter qu'il se déchire, de même que d'irriter le pénis. Avant de dérouler le condom sur le pénis en érection, on doit pincer le réservoir afin d'évacuer l'air qui s'y trouve (pour que le sperme puisse y entrer). On déroule le condom le plus possible tout en continuant de pincer le réservoir. Après l'éjaculation, en sortant le pénis du vagin, de l'anus ou de la bouche, il faut bien tenir l'embouchure du condom (près du pubis) afin que le sperme ne se répande pas à l'extérieur. On le noue ensuite au-dessus du réservoir avant de lui faire prendre le chemin de la poubelle. On ne doit jamais réutiliser un condom.

La digue dentaire

La digue dentaire est un mince carré de latex, qui était utilisé à l'origine comme mesure de protection par les dentistes. On peut s'en procurer dans certaines pharmacies, dans les cliniques de santé sexuelle ou même les commander sur Internet. Il en existe aussi en polyuréthane pour ceux qui sont allergiques au latex. Il faut savoir qu'un condom pour homme ou femme (en polyuréthane) transformé à l'aide d'une paire de ciseaux peut aussi bien faire l'affaire. En coupant les deux extrémités du condom, puis en le découpant dans le sens de la longueur, on obtiendra un carré de latex. Comme le latex entrera en contact avec la bouche, il est préférable de choisir un condom non lubrifié et sans spermicide. Des condoms plus minces permettront de profiter d'un maximum de sensibilité. On peut aussi être tenté de découvrir les condoms aromatisés. Attention de ne pas mettre le côté aromatisé sur les organes génitaux, car le produit aromatisant peut être très irritant. Et il faut également s'assurer qu'il s'agit bien d'un condom au latex – idéalement d'une marque connue : certains modèles de condoms aromatisés ne sont pas faits pour être utilisés pour les rapports sexuels et ne sont vendus que comme gadgets.

Le carré de latex (digue dentaire ou condom) ne doit en aucun cas être retourné pour une deuxième utilisation. Comme les autres condoms, il doit être jeté après un seul usage. Afin de mieux garder le carré en place et d'accroître la sensibilité, il est conseillé de mettre un peu de lubrifiant entre celui-ci et la vulve ou l'anus. L'un des partenaires doit maintenir le carré en place à l'aide des mains durant l'activité sexuelle.

Certains types de condoms sont-ils à éviter ?

Les condoms en latex et les condoms en polyuréthane offrent tous une protection efficace contre la grossesse et les ITS. Il existe aussi des condoms fabriqués à partir de tissus d'animaux, comme le mouton et l'agneau. Ceux-ci n'offrent pas une protection adéquate puisque leur porosité laisse passer certaines ITS. Par contre, pour les couples stables et qui ne sont atteints d'aucune ITS, cette solution de rechange peut être intéressante si l'un des deux partenaires est allergique au latex ou si le couple ne souhaite se protéger que des grossesses non désirées. Les accessoires sexuels ne peuvent en aucune façon empêcher la propagation des ITS ni servir de moyen de contraception, et ce, même s'ils imitent l'aspect du condom.

Les abus sexuels

À première vue, on pourrait penser que les abus sexuels sont plus répandus qu'ils ne l'étaient auparavant. En fait, ce sont les dénonciations qui sont plus fréquentes, conséquence d'une meilleure conscience des droits des femmes et des enfants. Le fait que l'on puisse parler de sexualité plus ouvertement contribue également à briser le silence qui fait tant de tort aux victimes qui restent dans l'anonymat.

Qu'est-ce que l'abus sexuel ?

L'abus sexuel est un acte qui vise à soumettre une autre personne à ses propres désirs sexuels par la contrainte, la violence, la manipulation, le chantage ou par toute autre forme d'abus de pouvoir. Les comportements abusifs à caractère sexuel sont très divers et vont du harcèlement avec des commentaires indécents et humiliants jusqu'à la pénétration vaginale, anale ou orale.

La personne abusée n'est évidemment pas consentante. Ou bien son consentement ne peut être considéré comme libre et éclairé. C'est notamment le cas des enfants et des jeunes adolescents, des personnes vivant avec un handicap intellectuel et des personnes intoxiquées par les drogues ou l'alcool. Le pouvoir de l'abuseur réside la plupart du temps dans le fait qu'il est plus âgé, plus expérimenté ou qu'il se retrouve en position de confiance ou d'autorité face à sa victime.

La victime et l'abuseur peuvent être de sexe féminin ou masculin, de tout âge, de tout niveau social, de toute culture et de toute religion.

Quelles sont les répercussions de l'abus sexuel chez la victime?

Les gestes abusifs à caractère sexuel atteignent l'intégrité physique et psychologique des victimes, hypothéquant leur droit à une sexualité pleine et entière. Ces actes ont aussi un impact important sur le développement global des enfants ou des adolescents qui en sont victimes. La dépression infantile, l'échec scolaire, l'incapacité d'avoir des rapports sociaux normaux avec leurs pairs sont quelques-unes des conséquences parmi les plus connues pour ce groupe d'âge.

Même si elles sont victimes, les personnes abusées sexuellement se sentent souvent responsables. Elles ressentent fréquemment de la culpabilité et de la honte. Ces sentiments sont d'autant plus forts que les victimes, surtout quand elles ont été abusées sur de longues périodes, ont parfois pu jouir malgré elles, voire éprouver un sentiment d'attachement pour leur agresseur. Tout cela relève bien évidemment des stratégies de survie du corps et de l'esprit ainsi que de la situation de soumission imposée par l'abuseur, de ses chantages et de ses manipulations.

L'étendue de la souffrance que provoquent ces abus varie d'un cas à l'autre, en fonction de facteurs comme l'âge de la victime, sa résilience, son réseau d'aide, l'étendue de la période d'abus et la gravité des abus. Certaines victimes voient ressurgir dans leur mémoire des images des agressions, même après plusieurs années (elles souffrent alors d'un état de stress post-traumatique).

Dans tous les cas, subir un abus sexuel ne peut qu'avoir un impact sur la perception de la sexualité. Pour la personne agressée, la sexualité peut devenir synonyme d'obligation et être aux antipodes des notions de plaisir ou d'amour. Les relations sexuelles risquent d'être douloureuses, tant physiquement que psychologiquement. Absence de désir sexuel, aversion sexuelle (dégoût de son corps et des organes génitaux de l'autre sexe), troubles de l'excitation, vaginisme et douleurs lors de la pénétration sont des conséquences fréquentes. Sans parler des problèmes relationnels qui sont liés à ces troubles. Certaines de ces personnes ont de la difficulté à faire confiance, à s'engager dans une relation interpersonnelle. Elles ont souvent peur d'être abusées de nouveau. D'autres, à l'inverse, deviennent dépendantes affectivement, se croyant faibles et sans ressource. Elles s'exposent inconsciemment à des relations où elles deviennent des victimes potentielles de nouvelles violences.

Comment une victime d'abus sexuel peut-elle s'en sortir?

Le besoin de briser le silence et de se sentir appuyée, validée dans le processus de dénonciation est commun à toutes les victimes. Par la suite, la psychothérapie ou la sexothérapie peuvent grandement les aider.

Ces processus thérapeutiques donnent aux victimes la possibilité de faire ressurgir les contenus et les émotions associés aux abus, à l'abri de tout jugement, en toute confiance et transparence. Elles pourront ensuite recadrer les événements et les responsabilités pour leur donner un autre sens. Ces processus thérapeutiques visent à libérer les énergies affectives et sexuelles du souvenir douloureux et culpabilisant des abus pour mieux les investir dans la vie présente.

Comment réagir si un proche nous confie qu'il a été victime d'abus sexuel ?

Il est naturel de réagir avec émotivité si on apprend qu'un proche a été victime d'abus sexuel. Toutefois, la meilleure attitude à adopter est l'écoute. Il faut éviter les questions trop précises, au risque de blesser la personne ou de susciter chez elle de faux souvenirs qui mineraient la crédibilité de son récit et nuiraient à un éventuel processus de dénonciation aux autorités. Il est donc important de respecter les décisions que prendra cette personne par rapport à sa situation.

Quand la victime a moins de 18 ans, la personne qui reçoit ces confidences a le devoir d'en avertir la Direction de la protection de la jeunesse (DPJ) de sa région.

Comment protéger nos enfants des pédophiles sur Internet ?

Parmi les phénomènes liés à l'abus sexuel des enfants dans le monde, il en est un qui nous touche de très près : l'exploitation d'Internet par les pédophiles. Internet leur sert à la fois à dévoiler des photos pornographiques qui impliquent des enfants, à se créer des réseaux entre pédophiles, de même qu'à attirer de jeunes victimes. Il est primordial que les parents surveillent de près les activités de leurs jeunes sur l'ordinateur.

L'utilisation de l'ordinateur et d'Internet devrait être contrôlée. Il existe des moteurs de recherche pour enfants ou d'autres qui proposent un contrôle parental. Installer un logiciel qui bloque les publicités, établir une liste de sites favoris à revisiter d'un clic et montrer l'exemple lorsqu'on utilise Internet sont quelques conseils qui vont dans le sens de la protection de l'enfant.

Il est évident qu'un lien de confiance est essentiel, car le parent ne peut (et ne doit pas) toujours être aux côtés de son enfant, car ce dernier a besoin d'intimité et y a droit. Le parent aurait avantage à aider son enfant à acquérir de bonnes habitudes de navigation et de « chat ». Les jeunes sont naïfs lorsqu'il s'agit de forums de discussion sur des sites de jeunes. Il peut leur arriver d'y donner des informations personnelles, non par bravade, mais parce qu'ils sont convaincus que seuls des jeunes y ont accès. Il est bon de leur expliquer qu'il n'en est rien et qu'aucun mécanisme de contrôle ne leur permet de s'assurer qu'ils s'adressent réellement à d'autres jeunes. Il est bon de les encourager à utiliser un pseudonyme. Enfin, il est essentiel que l'ordinateur soit installé dans une pièce accessible à toute la famille afin que les parents puissent à l'occasion faire des « visites de reconnaissance » pour s'assurer que tout se passe bien.

Comment parler de sexualité

Mettre des mots sur la sexualité n'est pas toujours facile. Mais c'est essentiel. Voici quelques pistes pour vous y aider.

Comment parler de sexualité avec les jeunes enfants ?

Les enfants apprennent bien des choses par identification. Ils intériorisent sans le vouloir des façons d'être en partageant le quotidien des personnes qui sont les plus significatives dans leur vie, à savoir leurs parents : ils décodent leurs attitudes, leurs gestes et leurs paroles.

Un adulte qui ne se sent pas à l'aise avec son image corporelle, par exemple, pourra transmettre sans le vouloir ce malaise à ses enfants. La sexualité est en relation avec bien des domaines de notre vie, comme le respect qu'on se porte ou qu'on porte à l'autre ou à son conjoint. Ces façons d'être, les enfants les auront assimilées bien avant que leurs parents leur parlent de sexualité.

Par ailleurs, on ne parle pas de sexualité à un enfant de 6 ans comme on en parle à un préadolescent de 10 ans. Leurs schèmes de référence, leur capacité à comprendre les concepts et la pertinence de ces connaissances changent avec l'âge. Il faut donc tenir compte du développement de leurs capacités cognitives et affectives dans l'abord de la sexualité. Sauter des étapes risquerait de traumatiser l'enfant au lieu de le préparer à une sexualité saine et épanouie.

Et ne pas en parler n'est pas une solution, car sa curiosité naturelle pourrait le porter vers des sources bien moins fiables, comme Internet ou ses pairs. De plus, le silence ne protège pas l'enfant contre les manipulations ou les prédations sexuelles.

L'enfant doit également apprendre à donner un sens adéquat à ses premières sensations et émotions liées à sa sexualité. Il doit apprendre qu'il doit faire respecter son corps et son intimité. Les parents sont les mieux placés pour enseigner tout cela à leurs enfants et ils ont le devoir de les protéger contre toute atteinte à leur intégrité sexuelle. Il est important que l'enfant se forge une conception positive de la sexualité et qu'elle soit synonyme d'épanouissement dans son esprit.

Il n'y a pas d'âge précis pour commencer à parler de sexualité avec un enfant. Chaque enfant est différent et a son propre rythme. Il faut donc entamer le sujet quand l'enfant est prêt, c'est-à-dire quand il pose de lui-même ses premières questions sur le sujet. Une bonne communication est bien sûr primordiale. Le parent doit répondre avec tact aux questions de l'enfant, sans les esquiver. En somme, il ne faut en dévoiler ni trop ni trop peu. L'enfant a avant tout besoin de bases. La sexualité peut être abordée de plusieurs façons. Les livres conçus spécialement pour l'initiation à la sexualité des enfants peuvent sans aucun doute servir de guides et inspirer les parents dans cette tâche. Si les relations intimes des parents ne doivent pas être exposées à l'enfant, on peut lui parler de l'aspect humain et affectif et de la notion de plaisir qui caractérise la sexualité.

Comment parler de sexualité avec les adolescents?

L'adolescence est un point tournant dans la vie d'une personne. La sexualité de ces adultes en devenir comporte de nombreux changements et questionnements, et elle peut être une source de conflits avec les parents. Une fois cette étape du développement humain terminée, le jeune devrait avoir acquis la maturité nécessaire à une vie sexuelle épanouie, respectueuse et responsable.

L'adolescence est divisée en trois stades, en fonction de l'âge et du cheminement du jeune. Le début de l'adolescence (entre 10 et 14 ans) est marqué par la préoccupation du corps et de l'apparence, par des questionnements (sur la masturbation, par exemple) et, parfois, par des expériences sexuelles. Vient ensuite la mi-adolescence (entre 14 et 17 ans), marquée par un niveau plus élevé d'indépendance et par les rapprochements avec les pairs. Durant ces années de transition, les jeunes font des expériences en ayant une vague idée des conséquences de leurs actes, mais sans toutefois les comprendre complètement. Avec ce résultat qu'ils peuvent avoir des comportements à risque, comme conduire une automobile, essayer des drogues et avoir des activités sexuelles non protégées.

Dans leur vie amoureuse, ils établissent des relations plus stables, se comparent avec leurs pairs et se posent des questions sur des sujets comme la fidélité et la façon d'approcher les êtres désirés.

À la fin de l'adolescence (après 17 ans), ils développent leur sens des responsabilités et commencent à avoir une image plus claire de ce qu'ils sont et de leurs besoins. Ils rejoignent plus facilement les valeurs de leurs parents et deviennent sexuellement plus matures en acceptant les changements dus à la puberté, les conséquences de leurs actes, leurs désirs et ceux de leurs amis. Ils sont plus au courant de sujets comme l'abstinence, la contraception et les ITS. Et ils peuvent parler un peu plus facilement de sexualité avec leurs parents.

Il est important d'adapter le dialogue au stade d'évolution du jeune et de l'orienter vers des valeurs de respect et de responsabilité pour éviter des conséquences graves, comme la grossesse non désirée et les ITS. Bien entendu, il aura déjà une idée de ce qu'est la sexualité et il aura déjà trouvé les moyens de répondre à ses interrogations par l'intermédiaire de ses amis, de l'école et des médias.

Il n'y a pas de formule magique, mais certaines façons de faire peuvent aider. On doit faire comprendre à l'adolescent qu'on est disponible pour répondre à ses questions s'il le désire, mais surtout sans insister. Il faut tout de même lui expliquer qu'il est naturel pour un parent de parler de sexualité avec son adolescent et qu'il vaut mieux qu'il exprime clairement son malaise plutôt que de tenter d'être «cool». Tout ce qu'il dit doit rester confidentiel ; on doit l'aider à normaliser certaines situations, respecter sa différence, éviter les suppositions, écouter ses réponses, parler de prévention et, surtout, lui faire confiance et le lui faire sentir. C'est de cette façon qu'il prendra la responsabilité de ses actes et qu'il deviendra un adulte.

En cas de besoin, il ne faut pas hésiter à aller chercher l'aide nécessaire auprès d'un sexologue, d'un psychologue ou d'un autre intervenant.

Comment parler de sexualité avec son médecin ?

Parler de sexualité avec son médecin peut sembler difficile, mais c'est pourtant très important. Car un changement dans la vie sexuelle peut cacher une maladie cardiovasculaire, un diabète ou une dépression et certains médicaments peuvent avoir des effets secondaires sur la sexualité qui peuvent entraîner d'autres problèmes. Le médecin est bien placé pour répondre aux questions en matière de sexualité et, bien sûr, pour poser un diagnostic en cas de problématique sexuelle, physique ou psychologique. Dans bien des cas, il pourra établir un plan de traitement approprié et faire de la prévention.

Il est certain que les cliniques sans rendez-vous ne favorisent pas le dialogue, d'où l'importance d'avoir un médecin de famille : il est plus facile de parler à quelqu'un avec qui on a déjà établi une relation de confiance et qui connaît notre histoire médicale. Il vaut tout de même mieux éviter les révélations surprises en fin de consultation !

Si le médecin n'est pas en mesure de nous aider, on peut lui demander d'être adressé à un autre médecin ou on peut contacter le Réseau de médecine sexuelle du Québec.

Qu'est-ce que le Réseau de médecine sexuelle du Québec ?

Fondé en 2003 à l'initiative de l'Association de médecine sexuelle du Québec, sous la direction du Dr Pierre Alarie, omnipraticien, et du Dr Richard Villeneuve, psychologue, le Réseau de médecine sexuelle du Québec (RMSQ) a pour mission d'offrir à la population l'accès à des soins et à des services par des médecins et autres professionnels formés en médecine sexuelle. Le Réseau est organisé, dans chaque région du Québec, sous forme de cellules. Le médecin généraliste y occupe une place centrale : souvent la première personne à être consultée, c'est lui qui évalue le problème et qui, au besoin, dirige le patient vers le professionnel approprié.

Le RMSQ est en voie de s'implanter dans chacune des 17 régions administratives du Québec. Les cellules comprennent des médecins, généralistes et spécialistes (gynécologues, urologues, psychiatres et autres), ainsi que des sexologues et des psychologues cliniciens. Tous les médecins omnipraticiens du RMSQ cumulent un minimum de 60 heures de formation en médecine sexuelle. Leur champ d'intervention couvre tous les dysfonctionnements sexuels chez l'homme et chez la femme, en particulier les troubles du désir sexuel, de l'excitation et de l'orgasme, de même que les troubles sexuels douloureux.

Le RMSQ fonctionne à l'intérieur du système de santé. Les consultations auprès des médecins omnipraticiens ou spécialistes et les traitements qu'ils prescrivent sont, en général, couverts par l'assurance maladie, tandis que les traitements donnés par les psychologues ou les sexologues sont souvent remboursés par le régime de protection de l'employeur. Pour entrer en contact avec un spécialiste membre du RMSQ, il suffit de consulter son médecin de famille ou de communiquer avec un des membres du Réseau (www.rmsq.com).

Lexique

Acétylcholine : L'acétylcholine est un neurotransmetteur (*voir définition*) qui provoque la contraction des muscles par les nerfs et qui stimule la libération de certaines hormones (*voir définition*). Son action est essentielle au fonctionnement du système nerveux parasympathique (*voir définition*). L'acétylcholine intervient dans les mécanismes de l'attention, de l'éveil, de la soif, de l'agressivité et de la sexualité. Une carence en acétylcholine dans des zones précises du cerveau peut mener à la maladie d'Alzheimer, une maladie neurologique qui affecte la mémoire de façon permanente.

Adrénaline : À la fois hormone (*voir définition*) et neurotransmetteur (*voir définition*), l'adrénaline joue un rôle primordial dans le fonctionnement du système nerveux sympathique (*voir définition*). L'organisme sécrète de l'adrénaline lors d'un stress ou au cours d'une activité physique. L'action de l'adrénaline permet au corps d'être alerte et de mettre en œuvre tous ses moyens pour faire face aux agressions extérieures. Elle entraîne, entre autres, une accélération du rythme cardiaque et respiratoire, de même qu'une augmentation de la tension artérielle.

Androgènes : Groupe d'hormones (*voir définition*) sexuelles qui comprend la testostérone (*voir définition*), l'androstènedione, la dihydrotestostérone (DHT), la déhydroépiandrostérone (DHEA) et son sulfate, le DHEA-S. Ces hormones sont dites « masculines » puisqu'elles sont responsables, entre autres, de la formation des spermatozoïdes et des autres caractères sexuels masculins, tels que la pilosité ou le timbre de voix plus grave. Comme l'organisme de l'homme, celui de la femme sécrète toutes ces hormones, mais en plus faibles quantités. Les androgènes jouent un rôle primordial dans le déclenchement du désir sexuel tant chez la femme que chez l'homme.

Andropause : Terme populaire, par analogie avec « ménopause » ; il décrit l'ensemble des manifestations organiques et psychiques survenant chez l'homme dans une situation d'hypogonadisme (*voir définition*) survenant après une période de fonctionnement normal.

Anilinctus (ou anulingus) : Pratique sexuelle qui consiste à stimuler l'anus ou le périnée avec des caresses buccales. Cette pratique est aussi appelée « feuille de rose ».

Anxiolytiques : Médicaments contre l'anxiété.

Artères : Vaisseaux qui transportent le sang du cœur vers l'ensemble de l'organisme. Les artères sont les plus gros vaisseaux du système sanguin. Elles sont liées aux veines par les capillaires, qui sont, quant à eux, les plus petits des vaisseaux sanguins. À part l'artère pulmonaire, les artères transportent du sang oxygéné. La paroi des artères est épaisse et bien musclée afin de pouvoir résister à la forte pression sanguine qu'imposent les battements du cœur.

Artères coronaires : Les artères coronaires (ou simplement « les coronaires ») forment une couronne autour du cœur et ont pour fonction de le nourrir de sang oxygéné. Le sang de l'artère coronaire gauche est en grande partie propulsé du côté gauche du cœur, alors que le sang de l'artère coronaire droite se dirige principalement du côté droit du cœur. Les coronaires sont attachées à l'aorte, qui est issue du ventricule gauche du cœur et qui représente le point de départ du système sanguin.

Cancer : Maladie qui se traduit par la multiplication de cellules anormales à partir d'un tissu ou d'un organe du corps. Il est possible que le système immunitaire détruise ces cellules. S'il ne le fait pas et que ces cellules se propagent dans l'organisme, on parle alors de tumeur maligne. Les cellules clones qui naissent à l'extérieur de la tumeur originale sont appelées métastases. Le cancer résulte soit d'une réplication d'un agent cancérogène (qui peut provoquer un cancer) ou de l'amalgame de plusieurs facteurs cancérogènes.

Cellule : Unité de base, invisible à l'œil nu, dont tout être vivant est constitué. Une cellule se nourrit, produit de l'énergie et participe à l'échange d'informations dans le corps. Les cellules meurent, mais elles se multiplient aussi. Le corps humain contient des dizaines de milliers de milliards de cellules.

Circoncision : Chirurgie qui consiste à enlever entièrement ou en partie le prépuce (peau mobile qui entoure le gland du pénis).

Coït : Terme qui signifie en latin « se réunir » et qui est utilisé dans le langage scientifique pour désigner un rapport sexuel entre deux personnes.

Cunnilingus : Pratique sexuelle qui consiste à stimuler la vulve, le clitoris et l'entrée du vagin par des caresses buccales.

Dépression : Maladie psychique qui se caractérise notamment par un mal de vivre, de la tristesse, de l'anxiété, de l'agressivité et une dévalorisation de soi. Cet état peut survenir à la suite d'un événement perturbateur, mais il peut aussi être d'origine physiologique. L'apparition de cette maladie est due à un dérèglement des substances chimiques du cerveau. Il existe des médicaments qui permettent de rééquilibrer la chimie du cerveau et d'aider ainsi à guérir la dépression. Un accompagnement thérapeutique par un professionnel de la santé mentale est également souhaitable pour comprendre et se libérer de cet état.

Diabète : Maladie causée par une incapacité du pancréas à produire suffisamment d'insuline pour subvenir à la demande et qui provoque un taux de glucose (sucre) trop élevé dans le sang. L'insuline est une hormone produite par le pancréas qui permet au glucose présent dans les aliments d'être utilisé comme carburant par les cellules du corps. Il existe trois types de diabète. Le plus fréquent (90 % des cas) est le diabète de type 2, qui survient à l'âge adulte et se caractérise par un manque d'insuline ou une efficacité insuffisante de l'insuline produite par le pancréas. Selon sa gravité, il peut être maîtrisé au quotidien soit par une saine alimentation et de l'exercice physique, soit par des injections d'insuline ou des antidiabétiques oraux. Le diabète de type 1 touche le plus souvent les enfants et les adolescents, et il se distingue par le fait que le pancréas ne produit pas d'insuline. La maîtrise de ce type de diabète nécessite des injections quotidiennes d'insuline. Les diabètes de type 1 et 2 sont chroniques et incurables, et si on néglige de les traiter, ils peuvent avoir de graves conséquences sur la santé (cécité, amputation, etc.). Il existe aussi un diabète dit « de grossesse » (ou « gestationnel »), qui disparaît généralement après l'accouchement grâce à de saines habitudes de vie.

Dopamine : La dopamine est un neurotransmetteur (*voir définition*) essentiel au fonctionnement du cerveau. Elle est participe à l'équilibre de l'humeur, aux mécanismes de renforcement positif et de dépendance ainsi qu'aux sensations de désir et de plaisir. Elle intervient aussi au niveau de la posture et du mouvement. Le manque de dopamine dans certaines zones précises du cerveau peut entraîner des maladies graves telles que la schizophrénie (maladie mentale) ou la maladie de Parkinson (trouble nerveux).

Dysfonction : Voir Dysfonctionnement.

Dysfonctionnement : Trouble du fonctionnement d'un organe, d'une partie d'un organe ou d'un système de l'organisme. On utilise couramment le terme « dysfonction », qui est un calque de l'anglais, en particulier pour désigner les troubles de l'érection : on parle alors de dysfonction érectile.

Dyspareunie : Douleur récurrente aux organes génitaux qui peut survenir chez l'homme comme chez la femme, généralement lors de la pénétration, mais également avant ou après la pénétration.

Endorphines : Neurotransmetteurs (*voir définition*) qui se libèrent notamment dans le cerveau, la moelle épinière et le système digestif. Elles ont un effet antidouleur naturel, dont l'action est semblable à celle de la morphine. Les endorphines diminuent également le stress, provoquent une sensation de plaisir et parfois même d'euphorie, induisent le sommeil et interviennent dans la maîtrise du transit intestinal et dans la respiration. L'activité physique entraîne la libération d'endorphines.

Étiologie : Étude des causes et des facteurs responsables des maladies.

Fantasme : Scénario produit par l'imagination qui provoque une excitation sexuelle.

Flore vaginale : Ensemble des micro-organismes (*voir définition*) ou bactéries bénéfiques vivant et proliférant dans le vagin. Ces micro-organismes combattent les infections en attaquant les micro-organismes nuisibles qui pénètrent dans le vagin. La multiplication des «bonnes» bactéries contribue aussi à l'équilibre du milieu vaginal en y maintenant un pH relativement acide.

Glandes : Organes dont le rôle consiste à produire et à émettre des sécrétions telles que les hormones, le lait, la salive, les enzymes digestives et la sueur. Les glandes sont dites «endocrines» lorsqu'elles libèrent leurs sécrétions à l'intérieur du corps, dans le sang ou la lymphe (*voir définition*). Elles sont dites «exocrines» lorsque leurs sécrétions sont expulsées à l'extérieur du corps, à la surface de la peau ou d'une muqueuse. Les glandes exocrines comprennent les glandes mammaires, salivaires, sudoripares et sébacées. La glande pituitaire (hypophyse), la thyroïde et les glandes surrénales sont les glandes endocrines. Il existe aussi des glandes mixtes, qui sont à la fois endocrines et exocrines. Le foie, le pancréas, les ovaires et les testicules font partie de ce dernier groupe.

Hormones : Substances chimiques produites et sécrétées par un ensemble de cellules ou par un organe glandulaire. Ces substances voyagent dans le sang (chez les humains et les animaux) vers d'autres organes ou tissus sur lesquels elles doivent exercer une action spécifique. Le rôle des hormones consiste à modifier, à stimuler ou à freiner un processus biologique impliqué dans la croissance, la gestation ou le métabolisme (*voir définition*). Comme celui des humains et des animaux, l'organisme des plantes comporte aussi des hormones. Des hormones de synthèse, c'est-à-dire créées de façon artificielle (synthétisées chimiquement), sont utilisées pour remédier aux carences hormonales ; ce traitement porte le nom d'«hormonothérapie substitutive».

Hypertension : L'hypertension, ou plus précisément l'hypertension artérielle, désigne une tension ou une pression trop élevée dans les artères (*voir définition*) au repos. La pression artérielle est la pression qu'exerce la circulation sanguine sur la paroi des artères. Deux valeurs sont nécessaires pour mesurer cette pression : la tension systolique (valeur maximale) et la tension diastolique (valeur minimale). Ces valeurs sont mesurées en millimètres de mercure (mm Hg). Un adulte souffre d'hypertension si sa tension systolique est égale ou supérieure à 140 mm Hg et/ou si sa tension diastolique est égale ou supérieure à 90 mm Hg. L'âge, le stress, l'obésité, l'hérédité, le diabète, l'usage du tabac, de même que la consommation d'alcool et de sel peuvent entraîner de l'hypertension artérielle.

Hypogonadisme : Problème de santé, chez un homme ou chez une femme, caractérisé par une sécrétion interne insuffisante des glandes sexuelles (gonades) que sont les testicules et les ovaires. Les gonades produisent des hormones et des gamètes (ovules et spermatozoïdes). Ce problème peut être causé soit par une altération de ces glandes, soit par une insuffisance de l'hypophyse (*voir définition*). Il peut être inné, comme il peut se développer pendant l'enfance ou à l'âge adulte. Le manque d'hormones sexuelles est susceptible d'entraîner des problèmes de développement sexuel ou de provoquer une suppression des fonctions sexuelles (une ménopause prématurée, par exemple). Lorsque cet état se produit chez un homme adulte auparavant normal, on la nomme « andropause » (*voir définition*). Une fraction de la population masculine qui avance en âge (de 2 % entre 40 et 49 ans à environ 50 % entre 70 et 79 ans) est susceptible de souffrir d'hypogonadisme (andropause). Dans ce cas, cela est dû à la diminution de la production de testostérone par les testicules. Ce phénomène naturel provoque des symptômes physiques et psychologiques, tels que la diminution du tonus musculaire, la fatigue, la baisse de la libido, le dysfonctionnement sexuel, la diminution de la joie de vivre, etc.

Hypophyse : Aussi appelée « glande pituitaire », il s'agit d'une glande endocrine, car elle sécrète des hormones qui se retrouvent dans le sang et la lymphe (*voir définition*). Ce petit organe se situe à la base du crâne ; il exerce une influence sur l'ensemble des glandes endocriniennes.

ITS : Infection transmissible sexuellement. On parle maintenant d'ITS plutôt que de MTS pour des raisons de précision. L'infection précède en effet la maladie et c'est donc elle qui doit être traitée.

Lymphe : Liquide organique qui circule dans les vaisseaux du système lymphatique (*voir définition*) pour ensuite se mêler au sang. La lymphe contient des protéines et des lymphocytes (*voir définition*), mais elle est moins riche que le sang en nutriments et elle transporte plus de déchets.

Lymphocytes : Globules blancs présents dans le sang, le système lymphatique et la moelle épinière et qui sont essentiels au bon fonctionnement du système immunitaire.

Maladies cardiovasculaires : Les maladies cardiovasculaires incluent tous les troubles pathologiques qui touchent le cœur et l'appareil circulatoire. Il existe plusieurs types de maladies cardiovasculaires. Certaines concernent le système électrique du cœur, comme la bradycardie et la tachycardie, la fibrillation auriculaire et l'arrêt cardiaque. La bradycardie fait référence à un cœur qui bat plus lentement que la normale, soit à moins de 60 pulsations à la minute, tandis que la tachycardie désigne au contraire un cœur qui bat plus rapidement que la normale, soit à plus de 100 pulsations à la minute. La fibrillation auriculaire décrit un état où le sang risque de s'accumuler et de coaguler dans le cœur à cause d'un battement trop rapide des oreillettes (les cavités supérieures du cœur). L'arrêt cardiaque ou la mort subite cardiaque a lieu lorsque le cœur cesse de battre et de pomper le sang. Parmi les troubles de pompage du cœur, le plus fréquent est l'insuffisance cardiaque, où le cœur, affaibli par l'usure, n'est plus capable de pomper suffisamment de sang pour répondre aux besoins de l'organisme. Parmi les problèmes qui affectent les artères du cœur, la coronaropathie se développe quand des matières grasses (plaques) s'accumulent dans une ou plusieurs artères coronaires (*voir définition*), augmentant ainsi le risque de crise cardiaque. L'accident ou la crise cardiaque implique une altération permanente ou la nécrose (la mort) d'une partie du muscle cardiaque attribuable à un manque de sang. Les troubles touchant les artères autres que celles qui entourent le cœur comprennent notamment la maladie vasculaire périphérique. Celle-ci se définit par la formation d'une plaque de matières grasses dans les artères, qui finit par gêner la circulation sanguine générale. Ce problème peut mener à l'accident vasculaire cérébral.

Mélatonine : La mélatonine est une hormone (*voir définition*) sécrétée par la glande pinéale (ou épiphyse) que l'on trouve dans le cerveau et la rétine. Aussi appelée « hormone du sommeil ou de l'obscurité », elle n'est libérée que la nuit. Elle régule les rythmes du sommeil et influe sur la sécrétion de la plupart des hormones. Selon certains scientifiques, elle jouerait un rôle de premier plan dans l'équilibre du corps.

Ménopause : Le terme « ménopause » signifie « arrêt définitif des menstruations » ; c'est donc la fin de l'activité procréatrice de la femme (les ovaires ne libèrent plus d'ovules). Une femme est dite ménopausée lorsqu'elle n'a plus de menstruations depuis au moins 12 mois. La ménopause est un processus naturel qui survient chez toutes les femmes, en général entre 45 et 55 ans.

Métabolisme : Ensemble des transformations physiques et chimiques de matières et d'énergie qui se produisent dans toutes les cellules du corps.

Micro-organisme : Organisme vivant unicellulaire (qui n'a qu'une cellule) invisible à l'œil nu (qui doit être observé à l'aide d'un microscope).

MTS : Maladie transmissible sexuellement (*voir ITS*).

Multipare : Se dit d'une femme qui a déjà accouché plusieurs fois (*voir primipare et nullipare*).

Neurone : Cellule principale du système nerveux dont le rôle est de permettre la communication et le traitement de l'information dans les différentes parties du corps. Les neurones peuvent se transmettre des messages en entrant en contact l'un avec l'autre. Ce contact direct porte le nom de synapse. Ils peuvent aussi agir en libérant des neurotransmetteurs (*voir définition*) qui iront eux-mêmes transmettre leur influx nerveux soit à un autre neurone, soit à un autre type de cellule. Le cerveau contient 100 milliards de neurones et un neurone peut produire plusieurs types de neurotransmetteurs.

Neurotransmetteur : Substance chimique (molécule) libérée par les neurones (*voir définition*) à la suite d'une stimulation. Cette molécule peut se coller à un autre neurone, entraînant ainsi la transmission d'un influx nerveux. Elle peut aussi s'ancrer à un récepteur sur une cellule particulière pour provoquer une action sur un organe. Le corps produit plus d'une soixantaine de neurotransmetteurs.

Noradrénaline : La noradrénaline est à la fois un neuro-transmetteur (*voir définition*) et une hormone (*voir définition*). Elle est sécrétée en grande partie par les fibres nerveuses du système sympathique, qui incite le corps à une dépense d'énergie en situation de danger et qui se met aussi en action lors de l'activité sexuelle. En tant que neuro-transmetteur, elle joue un rôle au niveau des émotions, de l'attention, de l'apprentissage, du sommeil et du rêve. Lorsqu'elle se retrouve dans le sang, à titre d'hormone dans ce cas, elle contribue à la contraction des vaisseaux sanguins et à l'accélération du rythme cardiaque.

Nullipare : Se dit d'une femme qui n'a encore jamais accouché (à la différence de multipare ou de primipare – *voir définitions*).

Ocytocine : L'ocytocine est une hormone (*voir définition*) dont la libération est stimulée par le toucher et qui augmente la réceptivité de ce sens. Sa fonction principale est de stimuler les contractions utérines au moment de l'accouchement et de favoriser la sécrétion de lait maternel.

Œstrogènes : Groupe des hormones extraites des follicules ovariens. Elles comprennent l'œstrone, l'œstradiol et plusieurs autres. Elles provoquent l'apparition des caractères sexuels féminins. Elles sont utilisées dans les contraceptifs oraux, l'hormonothérapie associée à la ménopause et dans certains traitements médicaux.

Orgasme : Ce terme vient du grec *orgân*, qui signifie « bouillonner d'ardeur ». L'orgasme est une réaction physiologique et psychologique qui se produit lorsque le plaisir sexuel atteint son apogée. Il s'agit du point où culminent les tensions sexuelles et où débute leur relâchement.

Paraphilie : Forme d'expression sexuelle déviante qui pousse à des comportements sexuels inappropriés persistants et qui empêchent un individu d'être fonctionnel sur un ou plusieurs plans importants de sa vie.

Phéromones : Les phéromones sont des hormones (*voir définition*) sécrétées chez l'humain et chez la plupart des animaux qui ont pour effet de susciter une réaction physiologique ou comportementale chez des individus de la même espèce, comme le marquage du territoire, par exemple. Les phéromones sexuelles participent au mécanisme de l'attirance sexuelle entre un mâle et une femelle (donc entre un homme et une femme) afin de mener à l'accouplement. Les phéromones agissent par voie olfactive et sont reconnues par un organe situé à l'intérieur du nez – l'organe voméronasal –, qui a pour rôle spécifique de les détecter. Chez l'humain, cet organe s'est toutefois modifié au cours de l'évolution et il n'est plus aussi sensible que chez certains animaux.

Plateau : Phase de l'acte sexuel qui se produit juste avant l'orgasme et qui se caractérise par une intensification de l'excitation sexuelle.

Primipare : Se dit d'une femme qui accouche pour la première fois (*voir multipare et nullipare*).

Progestérone : Hormone provenant du corps jaune de l'ovaire pendant la seconde phase du cycle ovulatoire. Elle a un effet anti-œstrogène et anti-androgène. Elle joue un rôle primordial pendant la grossesse. Elle est utilisée dans les contraceptifs oraux, l'hormonothérapie associée à la ménopause et dans certains traitements médicaux.

Psychothérapie : Accompagnement psychologique par des professionnels de la santé mentale visant à guérir ou à aider ceux qui souffrent de problèmes de nature psychologique et comportementale. Cet accompagnement consiste principalement en des entretiens au cours desquels le professionnel écoute le patient et peut lui donner des pistes de compréhension et de solution à ses problèmes. Les méthodes thérapeutiques employées varient en fonction du spécialiste et du cas traité. Les propos tenus par le patient demeurent strictement confidentiels.

Récepteurs androgéniques : Organes, tissus ou cellules influencés par les androgènes (*voir définition*).

Sérotonine : La sérotonine est un neurotransmetteur (*voir définition*) impliqué à plusieurs niveaux, notamment dans les processus de la douleur, du sommeil, de l'appétit, de l'humeur et du contrôle de la température corporelle. Un déséquilibre de ce neurotransmetteur pourrait avoir un lien avec la dépression et les comportements impulsifs.

Sexothérapie : Ensemble des moyens thérapeutiques offerts par les professionnels de la sexologie pour traiter les personnes qui souffrent de troubles sexuels. Ces moyens comprennent notamment une aide psychologique, qui consiste principalement en des entretiens au cours desquels le professionnel écoute le patient et lui donne des pistes de compréhension et de solution à ses problèmes. La sexothérapie peut traiter une personne qui consulte seule ou en couple. Les approches thérapeutiques employées varient en fonction du spécialiste et du cas traité. Souvent, un travail sur les causes profondes s'avère essentiel. Les propos tenus par le patient demeurent strictement confidentiels.

Spasme : Contraction brusque, intense et involontaire qui se manifeste dans un ou plusieurs muscles.

Spermicide : Produit chimique agissant comme contraceptif local en détruisant les spermatozoïdes avant qu'ils n'atteignent le col de l'utérus. Qu'il se présente sous forme de gel, de crème, de capsules, d'aérosol, de film (sur les condoms) ou d'éponge, le produit doit être introduit dans le vagin.

Stimuli : Causes extérieures aptes à faire réagir un système excitable. (Au singulier : stimulus.)

Système immunitaire : Ensemble de cellules (*voir définition*) ayant pour fonction de défendre le corps contre les infections. Ces cellules sont dispersées dans tout l'organisme ; elles tentent de neutraliser, de détruire ou d'évacuer les organismes étrangers que sont les bactéries, les virus, les parasites, les microbes, etc. Les globules blancs du sang peuvent détruire eux-mêmes l'agent agresseur ; sinon, ils produisent des anticorps à cette fin.

Système lymphatique : Système organique qui fait partie du système immunitaire et qui a pour fonctions d'évacuer les déchets accumulés par les cellules, d'empêcher la prolifération d'agents infectieux et de cellules cancéreuses et de prévenir les œdèmes ; il comprend les vaisseaux dans lesquels circule la lymphe (*voir définition*) et les ganglions lymphatiques qui sont répartis sur la trajectoire des vaisseaux lymphatiques.

Système nerveux parasympathique (ou « le parasympathique ») : Le système nerveux parasympathique est l'une des deux composantes du système nerveux autonome (qui gouverne les mécanismes vitaux). Face à un stress (danger), le système parasympathique invite le corps à une économie d'énergie. Lorsqu'il prend le contrôle des fonctions vitales, il se produit un ralentissement de toutes les fonctions de l'organisme, sauf les fonctions sexuelle et digestive. Les rythmes cardiaque et respiratoire ralentissent, les bronches et les pupilles se contractent, la sécrétion de sueur et la tension artérielle diminuent. Le parasympathique est aussi sollicité lors de l'activité sexuelle (*voir la définition du système nerveux sympathique*).

Système nerveux sympathique (ou « le sympathique ») : Le système nerveux sympathique est l'une des deux composantes du système nerveux autonome (qui gouverne les mécanismes vitaux). Face à un stress (danger), le système sympathique invite le corps à une dépense d'énergie. Lorsqu'il prend le contrôle des fonctions vitales, il y a accélération des rythmes cardiaque et respiratoire, dilatation des bronches et des pupilles, augmentation de la sécrétion de sueur et de la tension artérielle, et diminution de l'activité digestive. Le sympathique est aussi sollicité lors de l'activité sexuelle (*voir la définition du système nerveux parasympathique*).

Testostérone : Principale hormone (*voir définition*) sexuelle chez l'homme, mais qui se trouve aussi en plus petite quantité chez la femme, la testostérone fait partie du groupe d'hormones appelées androgènes (*voir définition*), qui sont notamment responsables des caractères sexuels mâles (comme la pilosité ou le timbre de voix plus grave). La testostérone influe positivement sur la libido, l'énergie vitale et l'estime de soi, en plus d'améliorer, comme les autres androgènes, le tonus musculaire, la lubrification vaginale, la sensibilité à la stimulation, etc.

Pour plus d'info

Santé Canada

www.hc-sc.gc.ca

Santé Canada est le ministère fédéral responsable d'aider les Canadiennes et les Canadiens à maintenir et à améliorer leur santé tout en respectant les choix individuels. Son site Web regorge notamment d'information sur l'alimentation et la nutrition, les maladies et les affections, les médicaments, la sécurité des produits de consommation et le système de soins de santé.

Réseau canadien de la santé

www.canadian-health-network.ca

Le RCS est un service d'information bilingue et pancanadien sur la santé offert sur Internet. Ce réseau a pour but de faciliter la recherche d'information sur la santé et la prévention des maladies afin de pouvoir faire des choix éclairés. Ce service bénéficie des ressources de nombreux organismes spécialisés en santé tels que l'Agence de santé publique du Canada, Santé Canada et plusieurs universités et hôpitaux du pays. Son site Web permet de faire des recherches par groupes de population (hommes, femmes, enfants, adolescents, etc.), par sujets de santé ou par index alphabétique et mots-clés.

Association canadienne de santé publique

www.cpha.ca

L'Association canadienne de santé publique (ACSP) est une association bénévole nationale, indépendante et sans but lucratif qui représente la santé publique au Canada. Elle entretient des liens étroits avec la communauté de santé publique internationale et met de l'avant l'accès universel et équitable aux conditions de base nécessaires à la santé de tous les Canadiens. Son site Web comprend un centre d'information sur le VIH/sida et un autre sur l'hépatite C ; on y trouve aussi des renseignements sur des conférences et des programmes nationaux et internationaux de santé. Ce site permet aussi d'acheter des publications, dont La *Revue canadienne de santé publique*, l'organe officiel de l'ACSP.

Association canadienne pour la santé mentale
www.cmha.ca

L'Association canadienne pour la santé mentale (ACSM) est un organisme à but non lucratif qui œuvre à l'échelle nationale. Elle a pour but de promouvoir la santé mentale et de favoriser la rémission et le rétablissement des personnes atteintes de maladie mentale. Son site Web est une mine d'information sur les questions de santé mentale qui affectent les différents groupes de la société. On y trouve également des renseignements sur les programmes et les services offerts par l'Association, de même que des annonces sur les événements nationaux sur la santé mentale organisés par l'ACSM ou par d'autres organismes.

Société des gynécologues et obstétriciens du Canada
www.sogc.org

La Société des gynécologues et obstétriciens du Canada (SOGC) représente des gynécologues, des obstétriciens, des médecins de famille, des infirmières, des sages-femmes ainsi que des professionnels du domaine paramédical. La SGOC a pour but de maintenir l'excellence des pratiques de l'obstétrique et de la gynécologie en même temps que de promouvoir la santé des femmes. Elle a autorité pour donner des directives nationales en matière d'éducation publique et médicale sur la santé des femmes. Le site Web de la SGOC s'adresse à ses membres ainsi qu'au grand public. Il permet notamment au public d'être au fait de nouvelles et d'événements, et d'accéder à des ressources sur la santé des femmes d'ici et d'ailleurs.

Société des gynécologues et obstétriciens du Canada
masexualite.ca

Ce site Web a été conçu par la Société des obstétriciens et gynécologues du Canada. Il constitue une source d'information fiable pour qui veut enrichir son éducation sexuelle et se tenir au courant des sujets d'actualité concernant la santé sexuelle. Adolescents, adultes, parents, enseignants et professionnels de la santé peuvent y trouver réponse à leurs questions et même apprendre en s'amusant. Ce site convivial et à la fine pointe propose, entre autres, des jeux multimédias, des jeux-questionnaires et des scénarios virtuels sur l'éducation sexuelle.

Association des sexologues du Québec
www.associationdessexologues.com

L'Association des sexologues du Québec (ASQ) est un organisme à but non lucratif dont le rôle est de représenter les professionnels de la sexologie clinique. Il a aussi pour but d'informer et de protéger le public en matière de sexologie. Tous ses membres doivent obligatoirement détenir un diplôme universitaire adéquat en sexologie clinique. Son code de déontologie se trouve dans son site Web, de même que la description des approches thérapeutiques offertes par ses membres. Un guide pour choisir son sexologue ainsi qu'un service de référence permettent d'avoir accès aux coordonnées des sexologues de sa région.

Site d'enseignants en sexologie de l'UQÀM
www.unites.uqam.ca

Premier site canadien sur la sexualité humaine, le site Élysa participe au Réseau canadien de la santé et est soutenu par le ministère de la Santé et des Services sociaux du Québec. Ce site est l'œuvre d'enseignants du département de sexologie de l'Université du Québec à Montréal (UQÀM). Il est possible d'y soumettre des questions sur la sexualité et de consulter la banque de questions-réponses existante. Ce site présente aussi un lexique, des articles, un forum de discussion ainsi que divers services et ressources.

Réseau canadien pour la santé des femmes
www.cwhn.ca

Le Réseau canadien pour la santé des femmes (RCSF) est un organisme pancanadien bénévole qui se donne pour mission d'améliorer la santé et la vie des filles et des femmes au Canada et dans le monde entier. Il recueille, produit et diffuse diverses informations en la matière. Le site présente des sujets courants et d'actualité sur la santé des filles et des femmes, en plus de donner accès à une généreuse banque de données et de ressources.

Femmes en santé (Sunnybrook and Women's College Health Science Centre)
www.femmesensante.ca

Le site Web Femmes en santé reçoit l'appui des spécialistes en santé des femmes du Women's College Hospital de

Toronto et il est mis à jour plusieurs fois par semaine. Il se veut une source d'information fiable et d'actualité sur la santé des femmes, leurs maladies et leurs modes de vie. On y trouve notamment des conclusions d'études parmi les plus récentes, un groupe de discussion en ligne ainsi qu'une riche base de données.

Grossesse-Secours
www.grossesse-secours.org
Téléphone : (514) 271-0554

Grossesse-Secours offre aux femmes et aux adolescentes un service d'écoute, de soutien et d'information liés à la grossesse dans le respect de leur réalité et de leurs choix personnels. Sept jours sur sept, une trentaine de femmes se relaient afin de répondre aux appels. Grossesse-Secours propose aussi un service de tests de grossesse et de rencontres individuelles, un comptoir vestimentaire, des visites à domicile postnatales, une halte-garderie, un programme de sensibilisation en milieu scolaire et un service d'hébergement pour femmes enceintes. Les services de Grossesse-Secours sont expliqués en détail sur le site Web.

Andropause.ca
www.andropause.ca

Ce site propose un questionnaire d'évaluation aux hommes qui se demandent si leurs symptômes peuvent être liés à l'andropause. Il regorge aussi d'explications sur le sujet (sa nature, son diagnostic et son traitement). On y trouve des témoignages, une foire aux questions et on y traite de divers facteurs influents tels que l'alimentation, l'activité physique, le sommeil ou la sexualité.

Institut de ressources médicales en hypogona-disme acquis et andropause

www.andropause-irma.com

Ce site est réalisé par des médecins et des collaborateurs québécois de divers horizons. On y trouve de l'information médicale, l'annonce de conférences, un bulletin de nouvelles, un lexique, des documents téléchargeables ainsi qu'une section sur d'autres problèmes de santé liés au vieillissement.

Société canadienne de pédiatrie

www.cps.ca

La Société canadienne de pédiatrie est une association nationale qui se fait le porte-parole des enfants et des adolescents et qui défend leurs intérêts en matière de santé. Cette association professionnelle bénévole représente pédiatres, spécialistes en pédiatrie, résidents en pédiatrie et autres dispensateurs de soins aux enfants. Son site Web donne accès à diverses publications et ressources concernant la santé des enfants. Il est aussi possible d'y commander des livres, des brochures, des dépliants et des vidéos portant sur les soins des enfants. Ce site s'adresse à la fois aux professionnels de la santé, aux éducateurs et aux parents.

Site du MSSS-GVT du Québec pour les adolescents

www.jcapote.com

Le ministère de la Santé et des Services sociaux du Québec a créé ce site pour informer les jeunes sur l'usage du condom (préservatif). Coloré et amusant, il tente de faire le tour de la question du condom : les bonnes raisons de l'adopter, son mode d'emploi ainsi que d'astucieux conseils pour venir à bout des pires excuses.

Centre d'information sur la santé de l'enfant de l'Hôpital Sainte-Justine
www.chu-sainte-justine.org/fr/famille/cise/

Ce site est le guide Internet du CISE, le centre d'information sur la santé de l'enfant du Centre hospitalier mère-enfant de l'Hôpital Sainte-Justine de Montréal. Il s'agit d'un guide, annoté et classé par thèmes, qui contient les coordonnées de nombreux organismes d'aide, des suggestions de lecture pour les parents, les enfants et les ados, de même que des liens vers des sites Web spécialement conçus pour eux.

Agence de la santé publique et des services sociaux de Montréal (pour jeunes et parents):
http://santepub-mtl.qc.ca/jeunesse/index.html

L'Agence de la santé publique et des services sociaux de Montréal a pour mandat de mettre en œuvre des moyens de protéger la santé des Montréalais. Il lui revient aussi d'informer la population sur les aspects où la Ville a un rôle à jouer par rapport à la santé générale. Le site présente de l'information sur des sujets divers reliés à la santé, comme la nutrition, l'activité physique et la santé au travail. Il donne aussi accès à des dossiers d'actualité sur la santé publique.

Égale Canada (homosexualité, bisexualité et trans-sexualité)
www.egale.ca

Égale Canada est une organisation nationale qui se consacre à l'avancement de l'égalité et de la justice pour les personnes lesbiennes, gaies, bisexuelles et trans-identifiées ainsi que leur famille, partout au Canada. Le site Web propose des dossiers sur des sujets tels que l'homoparentalité, l'homophobie ou la sexualité et le rôle de l'État. Il comprend aussi un réseaucourriel ainsi qu'un bulletin qui suit l'évolution du combat pour l'égalité des droits de ces citoyens.

PFLAG : Parents, famille et amis de gais et lesbiennes
www.pflagcanada.ca

PFLAG Canada est un organisme de bienfaisance enregistré dont la mission est d'appuyer, d'éduquer et de fournir des ressources aux mères, aux pères, aux familles et aux individus faisant face à des questions d'orientation sexuelle et d'identité de genre. Le site Web propose de l'information, du soutien et des liens utiles pour les lesbiennes, les gais, les bisexuels, les transgenres et ceux qui les côtoient.

Société canadienne du sida
www.cdnaids.ca

La Société canadienne du sida (SCS) est une coalition nationale d'organismes communautaires de toutes les régions du Canada. La SCS défend les droits et intérêts des individus et des communautés touchés par le VIH/sida, facilite la mise en œuvre des programmes, services et ressources de ses organismes affiliés, et favorise la participation communautaire aux programmes de lutte contre le VIH/sida partout au pays. Le site Web propose des ressources, des rapports et des guides qui peuvent orienter celles et ceux qui sont atteints du VIH/sida non seulement sur leur santé, mais également sur ce qui concerne leur statut de citoyens et de travailleurs. Le site traite aussi de prévention et fait l'annonce des événements organisés pour cette cause.

Centre canadien d'information sur le VIH/sida

www.aidssida.cpha.ca

Le Centre canadien d'information sur le VIH/sida a pour mandat de fournir de l'information sur la prévention du VIH, les soins et le traitement aux organismes communautaires, aux professionnels de la santé et de l'éducation, aux centres de documentation et à tous ceux qui ont besoin d'information sur le VIH/sida. Le Centre d'information soutient notamment les activités canadiennes dans le domaine de la prévention du VIH. Sur le site Web, il est possible de consulter une base de données, d'emprunter ou de commander des documents et de prendre connaissance des projets menés par le Centre.

Réseau canadien d'info-traitements sida

www.catie.ca

Le réseau CATIE est un organisme caritatif national, sans but lucratif, voué à l'amélioration de la santé et de la qualité de vie des Canadiens aux prises avec le VIH/sida. Cet organisme donne accès à de l'information fiable et récente sur les traitements aux personnes vivant avec le VIH/sida, de même qu'aux organisations qui leur viennent en aide. Le CATIE travaille en collaboration avec un réseau regroupant d'autres fournisseurs d'information et s'assure que les personnes reçoivent, sous la forme de leur choix, les renseignements dont elles ont besoin pour pouvoir prendre des décisions éclairées en ce qui concerne leur santé. Le site Web présente les services offerts par le CATIE et donne accès à une foule de renseignements sur tous les aspects du VIH/sida, grâce, entre autres, au catalogue de la bibliothèque du réseau CATIE.

Association canadienne des centres contre les agressions à caractère sexuel
www.casac.ca

L'Association canadienne des centres contre les agressions à caractère sexuel est une association féministe qui travaille aux changements sur les plans juridique et social qui visent à prévenir et à abolir le viol et les agressions à caractère sexuel. Le site Web présente des documents qui débattent de la question, un survol de l'histoire de l'évolution des droits des femmes ainsi que des ressources et des liens pertinents.

Programme national d'information publique WebAverti
www.webaverti.ca

Le programme national d'information publique WebAverti porte sur la sécurité de la navigation sur Internet. Tous les participants veulent s'assurer que les jeunes Canadiens puissent tirer parti des ressources offertes par Internet, mais en toute sécurité et en agissant de façon responsable dans le cyberespace. Ce programme a pour but de sensibiliser et d'informer les parents sur les dangers du cyberespace pour leurs enfants et de les outiller afin qu'ils puissent les protéger et les éduquer sur le sujet. Le site démystifie Internet et donne des conseils de sécurité spécifiques pour différents groupes d'âge de 2 à 17 ans. Il expose point par point quels sont les dangers de l'Internet et il explique comment les éviter et comment réagir face à une situation dangereuse.

- Conseils pour les enfants de 2 à 4 ans :
  http ://www.webaverti.ca/french/safety_tips_2_4.aspx
- Conseils pour les enfants de 5 à 7 ans :
  http ://www.webaverti.ca/french/safety_tips_5_7.aspx

- Conseils pour les enfants de 8 à 10 ans :
  http ://www.webaverti.ca/french/safety_tips_8_10.aspx
- Conseils pour les jeunes de 11 à 13 ans :
  http ://www.webaverti.ca/french/safety_tips_11_13.aspx
- Conseils pour les jeunes de 14 à 17 ans :
  http ://www.webaverti.ca/french/safety_tips_14_17.aspx

Le service pancanadien de signalement cyberaide.ca
www.cyberaide.ca

cyberaide.ca est le service pancanadien de signalement sur Internet d'enfants exploités sexuellement. C'est un portail grand public destiné à recevoir et à traiter des signalements de pornographie juvénile, de cyberprédation, de tourisme sexuel impliquant des enfants et de prostitution juvénile. cyberaide.ca est aussi un centre d'information, d'aiguillage et de ressources pour la sécurité des enfants sur Internet. cyberaide.ca fonctionne de pair avec le programme Enfants avertis, un programme de prévention qui incite l'enfant à se prendre en charge et à se protéger contre les agressions. Le site cyberaide.ca donne accès à des activités de conscientisation pour les enfants de tous âges et leurs parents, en plus de permettre de signaler les situations d'abus. Les parents peuvent y puiser de nombreuses ressources sur le sujet et même s'y procurer des logiciels de contrôle parental.

Jeunesse, J'écoute
www.jeunessejecoute.ca
Téléphone : 1-800-668-6868

Jeunesse, J'écoute est un service de consultation et de référence pancanadien accessible jour et nuit, sept jours sur sept, par téléphone et par Internet. Destiné aux enfants et aux adolescents, ce service est bilingue, gratuit et anonyme. Les intervenants professionnels de Jeunesse, J'écoute apporte un soutien immédiat aux jeunes des communautés urbaines et rurales de partout au pays. En plus d'offrir la possibilité de communiquer avec un intervenant, le site Web permet aussi aux jeunes de partager leur expérience de façon anonyme. Le site donne également accès à une bibliothèque et propose des liens Internet sur des sujets qui préoccupent les jeunes.

ECPAT (End Child Prostitution, Child Pornography and Trafficking of Children for Sexual Purposes)
www.ecpat.net

L'ECPAT est un réseau international représenté dans plus de 70 pays. Il est affilié à des organismes locaux qui se battent pour défendre les droits des enfants et, notamment, contre la pornographie enfantine sur Internet, la prostitution enfantine et le trafic d'enfants à des fins sexuelles. ECPAT Canada, tél. : 416-323-9726.

Table des matières